서태원 수상록

# 인생의 향기

서태원 수상록

# 인생의 향기

서태원 지음

일조각

# 『인생의 향기』를 발간하면서

변변치 못한 건방진 글을 세 번 세상에 내놓고 있습니다. 이 책이 당신의 따뜻한 손길 위에 놓여 있다고 머릿속으로 그려 보니 더할 나위 없이 기쁘고 고맙습니다. 그동안 알게 모르게 저에게 베풀어주신 은혜에 보답해 드린다는 뜻도 담겨 있으니 받아주시고 읽어주신다면 더 고맙게 생각하겠습니다.

이제 팔십 중반을 넘은 못난 사람이 글을 썼다 함은 지나친 생각이라 여겨지오나 그동안 내 조그마한 생각을 글로써 세상에 내놓게 된 것을 보람으로 생각합니다.

2008년 6월 25일

저자 徐泰源

# 차례

# 제 1 장

# 인생의 향기

## 회혼回婚의 노래를 부르자

우리 두 사람이 만나 갖은 풍상을 다 겪으며 살아온 지 60년이 흘렀다. 저 높고 맑은 하늘을 쳐다보면 우리가 살아온 길을 명료하게 비춰주는 듯하고, 아래로 땅을 내려다보면 우리가 걸어온 발자취를 하나하나 되새겨 주는 듯 아롱대며 기억 속으로 스쳐가고 있다.

그동안 우리 둘은 잘 살아왔느냐, 유익하게 살아왔느냐고 물으면 후세 사람들이 말해주겠지만 지금 우리는 회혼이라는 뜻 깊은 노래를 부르고 있다.

아! 나는 말할 수 있다. "우리 둘은 떳떳하고 힘차게 살아왔노라"고. "어느 누구에게도 구김살 없이 맑고 바르게 살아왔노라"고 말할 수 있다.

"오늘까지 나를 힘차게 있게 한 생의 반려자인 당신을 초롱불 불빛에서 처음 만난 지 60년이란 세월이 흘렀소! 당신은 나의 인생이자 열정, 그리고 삶의 원동력이었소! 못난 남편에게 불평 한 마디 없이 묵묵히 나의 뜻을 따라주었고 정성을 다해 오늘까지 나를 보살펴 준 당신에게 '고맙다!'는 이 한 마디로 대신하겠소."

이 자리에는 나의 사 남매와 후손들이 함께 하고 있다. 핏줄들에게 남겨줄 만한 재산도 없고 줄 만한 선물도 없지만, 옛 선현先賢들은 우리 인간에게 사랑과 봉사의 정신을 가르쳐주었다. 나는 지금껏 살아오는 동안 이웃과 핏줄들이 나에게 베푼 사랑과 봉사의 혜택을 얼마나 많이 받아 왔는지 알고 있으며 고마운 마음으로 살고 있다.

언젠가 나도 세월 따라 가겠지만 지나간 그 세월에 신세진 가지가지는 무엇으로 보답할까? 나는 생각한다. 나는 무엇이냐를 더듬어본다. 여기에서 나는 존재하고 있다는 사실을 깨닫는 것이다. 세상에서 가장 소중한 선물은 바로 지금이다. 지난 세월은 어떻든 앞날을 예측할 수는 없지만 지금 내가 존재하지 않으면 아무 의미도 없는 것이다. 그러니 지금 자기가 살아 존재하고 있다는 이 사실은 자기에게 주어진 가장 소중한 선물이다. 그러니 귀중한 이 순간순간을 값있고 뜻있게 보내는 것이 행복을 얻을 수 있음을 명심하고 이 한 마디의 선물을 나의 핏줄들에게 던져준다.

오! 내 인생의 역사 속에 회혼이라는 한 장을 기록으로 남기니 감개무량하다.

## 스스로를 채찍질하며

어렸을 때 두 정강이를 걷어 올리고 토막 위에 올라서서 아버지께 종아리를 맞던 기억이 떠오른다. 공부 잘하고 장성하여 훌륭한 사람이 되라고 훈계하신 그 뜻을 따르지 못한 잘못을 후회하며 팔순을 넘은 지금이라도 세상 사람들에게 꾸중을 듣고 매라도 맞고 싶은 심정으로 글을 쓰고 있다.

나는 국민에게 내 나름대로 생각하는 고언苦言과 직언直言을 드렸다.

문장력이나 표현력도 부족한 졸필로 읽으시는 분들의 혜안을 거스르게 한 점 송구스럽게 생각하며 이러한 글을 세상에 내 보낼 자격이 있느냐 하는 자문도 해 보았다. 우선 읽어 주신 분들의 꾸지람도 듣고 스스로 반성하고 질책하는 뜻에서 나의 꾸밈없는 모습을 보여 드리고 아울러 내가 생각하는 것이 이 사회에 조금이라도 보탬이 될 수 있다는 생각에서 국민정신, 달리 말해 민족의 혼魂을 다루고자 한다.

나는 평소 나도 잘 되고 너도 잘 되는 길이 무엇이냐 하는 분分에 넘치는 생각을 해 보았다. 그러나 지금은 내가 잘 되어야겠다는 생각을 버린 지 오래고 너만이라도 잘 되었으면 하는 생각을 하고 있다. 이러한 생각은 내 나이 팔십을 넘어서서 혈기왕성하고 의욕에 찼던 젊음을 잃어서가 아니라 나라는 인간이 너무도 무능력한 존재임을 깨달았기 때문이다.

지나간 나의 일생을 돌이켜 보면 무력하였고 무가치한 인생이었다는 것을 알 수가 있다. 그나마도 내 깐에 보람이 있었다고 생각되는 시절은 8·15해방 후 대학을 떠나 향리鄉里로 돌아가 4·19혁명의 소산으로 수립되었던 민주당정권 당시 입법부의 민의원(무소속)으로 당선되어 서울에 와서 살기까지 근 십여 년 동안 농촌에 파묻혀 생활하였던 시절이었다.

선부先父의 많지 않은 유산인 농토는 토지개혁 전 경작하는 농민에게 분배하였으며, 당시만 해도 순박한 농민과 어울려 흙 속에 파묻혀 생활하였고, 또한 내 고장에서 뜻을 같이한 몇 분과 힘을 합쳐 고등공민학교를 설립해 배우고 싶어도 길이 없었던 향리 농촌의 젊은이들 앞에서 흙투성이의 몸으로 교직 생활도 하면서 나의 정열을 듬뿍 바쳤던 때가 생각난다.

그 당시 나의 육신은 말할 수 없이 고달팠으나 마음은 즐거웠고 보람과 낭만도 있던 시절이었다. 그 후 도시에서는 항상 여유 없는 생활의 연속이었다.

지금껏 경제적 활동으로 돈을 벌어 보지도 못했고 벌 줄도 모르는 무능력한 저능아였다. 일정한 직장도 가져 보지 못하고 어떤 사회 활동이나 정신적 생활을 하지도 않은 방랑자였다. 조상으로부터 물려받은 재산을 지키지 못하고 가족을 잘 돌보지도 못했으며 주위의 벗들에게 물질과 정신면에서 괴로움만 주어 왔던 무익한 존재였다. 이렇게 무능, 무위, 무익한 존재인 나 스스로를 꾸짖고 있으면서도 '나'라는 쓸모없는 인간도 고맙게 받아 주고 대해 주는 우리 민족, 우리 사회가 있다는 것을 한없이 기쁘고 고맙게 자랑하고 싶다.

아주 짧은 기간이나마 입법부立法府에서 국회의원 생활도 해 보았다. 그러나 국회도 나의 이상을 펴 볼 곳이 못 된다는 것을 느꼈고 또한 너무도 짧은 기간이었다. 나이 들어 조그마한 사립전문대학에 몸을 담았으나 교육 사업이나 교직을 천직으로 삼는 사람들 속에서도 탁한 것이 있음을 보고는 유쾌하지 않았다.

가족들은 기나긴 세월 어려웠던 생활에서도 항상 따뜻하게 나를 감싸주었고 벗들도 무위하는 나를 격려하면서 크고 작은 도움을 주었다.

이렇게 내 멋대로 살아온 쓸모없는 인간인 나를 우리 사회는 받아주고 오늘에 이를 수 있게 해 주었다. 그렇지만 나는 어느 누구에게도 나의 사상이나 행동을 구속받지 않았으며 앞으로도 구속받지 않을 것이다. 또 누구 앞에서도 비굴卑屈하거나 가식假飾적이지 않았다. 스스로 인간적인 면에서 뒤져 있다고 생각하지도 않았고 옳다고 생각하는 소신所信은 거리낌없이 말했다. 내 앞에는 강자도 없으며 약자도 없다. 어디까지나 나는 자유인이라 생각한다.

주위 사람들은 이러한 나에게 용기를 주었고 호감도 가졌다. 인복人福 있는 자라고 여러 사람으로부터 부러움도 받아왔다. 거센 세파 속에서도 소신을 굽히지 않고 살 수 있었던 나는 이 사회가 한없이 고맙고 우리 민족이 얼마나 훌륭한가를 생각지 않을 수 없다.

나 같은 자를 따뜻하게 대해 주는 민족, 나 같은 인간을 받아주는 사회, 이것이야말로 우리 국민이 잘 살 수 있는 충분한 소지가 있는 민족이라고 생각한다. 나보다 더 현명하고 유능한 우리 민족이 국가를 이루고 있는데 무엇 때문에 우리 국민은 다른 나라 사람들에 비하여 잘 살지 못하며 왜 선진국에 뒤질까라는 의구심을 항상 품고 있다.

나는 우리 국민도 다른 나라 국민 못지않게 잘 살 수 있는 국민이 될 수 있다는 확신이 있다. 물론 여기에는 몇 가지 필수조건이 있어야 함은 말할 것도 없거니와 이 모든 것의 근원은 국민의 몸과 마음가짐이라고 확신한다. 국민의 몸과 마음가짐은 국가의 성쇠盛衰에도 불가분의 관계가 있는 것이다.

지금 우리 국민은 어떠한 몸과 마음가짐을 가져야 할지 나의 생각을 쓰고자 한다.

우선 나는 우리 국민에게 비겁한 국민이 되지 말아야 한다고 강조하고 싶다. 비겁한 인간이 되지 않겠다는 확고한 정신이 국민 전체의 몸과 마음 속에 뿌리 깊이 박혀 이것이 국민 정신(혼) 또는 민족의 '얼'로 승화昇華되는 날 우리 국민에게 영광이 비쳐온다고 생각한다.

여기에서 선진국 국민의 국민 혼을 몇 가지 예로 들어보고자 한다.

가까운 일본에는 무사도武士道, 일명 '대화혼大和魂'이 있고 미국에는 서부개척정신西部開拓精神이라는 것이 있으며 서구에는 기사도騎士道가 있다. 각기 그 나라 특유의 형태로 되어 있지만 다 같이 그 나라 국민들의 오랜 생활 속에 전통적이며 정서적情緒的인 것으로 각자의 몸과 마음 속에 젖어 있어서 생각과 행동에서 떼어놓을 수 없는 정신, 즉 국민의 혼魂으로 꽉 박혀 있는 것이라 생각된다.

나라마다 볼 수 있는 사례나 형태는 다르지만 그

속에 흐르는 뚜렷한 공통점을 발견할 수 있다. 그것은 바로 비겁한 행동을 가장 싫어한다는 점이다. 생生과 사死의 기로에서 상대를 먼저 죽이지 않으면 자기가 죽게 되는 그 순간에도 자기만 살기 위해 비겁한 짓을 해서는 안 된다는 철칙이 있다. 비겁한 자가 되어서도 안 되며 비겁한 자를 용납하지도 않는 이 정신이 그 나라 특유의 국민성이 되고 국민 혼으로까지 승화한 것이다.

그 나라의 역사와 교육, 문화, 생활까지도 국민이 지니고 있는 정신, 혼이 바탕으로 이어져 왔음을 알 수 있다. 이런 정신을 온 국민이 몸과 마음 속에 간직하고 있었기 때문에 국난이 있으면 지도자를 중심으로 온 국민이 한마음으로 굳게 뭉쳐 싸워서 이겼고 어려운 문제에 부딪히면 지도자를 받들어 슬기롭게 헤쳐 나가 오늘의 강대국을 만들 수 있었다.

신라가 삼국을 통일할 수 있었던 근본적인 힘은 비겁한 것을 가장 싫어한 화랑도花郎道가 있었기 때문이다. 고려 말 비겁한 삶을 거부한 삼별초의 사상이 몇몇 사람에게만 국한되지 않고 당시 고려 백성들에게 널리 퍼졌다면 원나라 세력으로부터 벗어날 수 있었을 것이며 고려는 결코 멸망하지 않았을 것이다.

가까이는 8·15해방 직후 일제 통치하에서 동족을 괴롭히던 것을 다반사茶飯事로 하였던 비겁자들을 단호히 용납지 않고 정의로운 전통 사회를 만들었으면 하는 아쉬움도 있다.

나는 지금도 늦지 않았다고 본다. 우리 생활 전통에서 찾아볼 수 있는 고유한 '선비의 사상' 속에 비겁하지 않은 인간상을 집어넣어 민족의 '얼'로 삼아도 좋다. 그렇지 않으면 수십 년 전 시작해서 일정 정도 성과를 본 새마을 운동속에 비겁한 자가 되어서도 안 되고 비겁한 자를 용납하지도 않는 뚜렷하고도 강한 상징象徵을 넣어 이를 국민 정신 운동의 최우선으로 하고 일상 생활화해 민족의 얼로 승화시키는 것이 좋겠다.

우리 국민은 유능한 민족이다. 겨레의 마음 속에는 비겁함을 증오하는 강한 의지도 있다.우리 국민에게 이것은 생활이 되고 전통이 되어서 어느 한 계층이나 일부 국민에게만 있는 것이 아니라 온 국민에게 뿌리

박혀야 한다. 비겁한 자가 있는 곳에 용기 있는 자가 나올 수 없으며 용기 없는 곳에 정의가 살아날 수 없는 것이다. 우리는 하루빨리 '우리의 국민 혼'을 이 땅 위에 뿌리박아 이 국민 혼으로 전 국민을 귀일시켜 민족과 국가에 영광을 기하여야겠다. 비겁한 자를 용납하지 않는 사회에 부정 · 불의 · 부패가 있을 수 없으며 잘못된 지도자가 나올 수 없다. 올바른 지도자의 정론正論을 따르지 않는 국민이 있다면 그는 비겁한 자다.

이 나라의 지도자 기성세대들이여! 당신네들부터 솔선수범해야 한다. 언제나 신뢰를 바탕에 둔 언행을 하며 항상 정의의 편에서 비겁함을 물리치는 늠름한 모습을 국민에게 보여주어야 한다. 그렇게 하면 가까운 장래에 국민들은 나라가 어려울 때 당신들을 받들고 단결하여 난국을 이겨나가는 슬기로운 국민이 될 것이다.

## 살아 있다는 것

무엇을 해보아야겠다는 생각이 든다. 이런 생각 자체가 건강하다는 징조인가? 아니면 아직도 더 살아보겠다는 욕심일까? 생각하지 않고 욕심 없이 세상과 등지고 집안에서 일어나는 크고 작은 일들도 나의 힘 밖의 것으로 생각하고 이제는 갈 곳만을 기다리며 살아온 듯한 나날의 연속이었다.

붓을 던진 지 꼭 한 해가 지난 지금 조용한 강변의 산기슭에서 며칠을 지내고 보니 무엇이나 써 보고 싶은 생각이 나니 더 살아야겠다는 욕심이 남았나 보다. 그동안 나라 안팎에서 일어났던 크고 작은 일들이 나에게는 머나먼 곳의 일로 여겨져 무관심 속으로 묻어버렸고 가까운 집안일도 생각하는 대상조차 삼지 않았으며 그간에 무엇을 생각했으며 어떤 행동을 하며 살아왔는지 기억 속에서조차 털어냈다. 그러니 나는 한낱 육체의 고깃덩어리며 그저 움직이는 동물 그것이었다.

이런 나인데도 주위에서는 때때로 예찬의 소리도 하고 부러워하는 사람도 있다. 아마도 이런 소리조차 듣기 싫어서 어느 누구도 만날 수 없는 후미진 곳에 홀로 와 있는지도 모르겠다.

남들은 살아온 길이 화려해 크든 작든 남긴 것도 많고 큰소리도 쳐보고 살아왔는데 나는 외고집 하나로만 살아왔으니 남기고 갈 것이 무엇이겠는가?

지금에 와서 후회한들 무슨 소용이 있으랴. 봄, 여름, 가을, 겨울 계절은 틀림없이 바뀌며 세월은 흘러간다. 이럴 때마다 생존하는 만물의 생을 이어가게 하는 조물주의 섭리와 자연의 신비함을 우리는 볼 수 있다. 나도 이런 범주에 속하는 한 알의 씨앗은 되고 있는지 알고 싶다.

인생人生은 한낱 꿈이요, 또한 왔다가 가는 나그네

길이라고 말하는 사람이 있다. 이는 죽고 사는 것, 오래 살고 짧게 사는 것, 어느 누구도 예측할 수 없고 인간의 어떤 능력으로도 맞추지 못하는, 풀 수도 없는 영원한 숙제이고 왔으면 누구나 다 가야 할 길이기에 이왕 이 세상에 왔으면 잘 살다 잘 가라는 예찬의 말이지 결코 인생의 허무함을 말한 것은 아니다.

이런 인생관은 자칫 잘못 받아들이면 우리에게 허무함을 안겨주기 쉽다. 그리하여 인생을 비관하거나 경시하는 방향으로 갈 수도 있다. 실은 이러한 허무함이 사람들의 사고방식에 끼친 영향도 크다. 인생을 남의 일처럼 관망하는 소극적인 태도나, 안빈낙도安貧樂道를 구실 삼아 인생을 도피하는 생활, 일상생활의 절실함을 외면하는 초연자적超然自適태도도 거기에서 온 것이다. 우리는 이런 그릇된 생각에서 벗어나야 한다.

인생무상의 진정한 본뜻은 그런 것이 아니다. 사람들로 하여금 인생을 게으르게 만들거나 인생을 저버리게 하는 뜻에서 말한 것은 결코 아니다.

이 말의 참뜻은 부귀와 영화를 위하여 수단과 방법

을 가리지 않고 부정과 불의를 돌보지 않는 사람들에게 높고 넓은 안목으로 인생을 굽어 살펴보라고 가르친 경고임을 알아야 한다.

인생의 길이란 생소한 길을 처음 가고 있는 나그네와 같은 것이 아닐까? 앞을 예측 못하는 길, 한눈팔지 말고 부지런히 걷는 것이 좋을 것이다. 그러나 이따금 높은 언덕에 서서 지금까지 걸어온 길을 돌아다보아라. 잘 왔는지 아닌지, 잘 왔다고 생각되면 앞으로도 그렇게 가고 잘못 왔다고 생각되면 되풀이하지 말고 다른 길을 택하여 방향을 바로 정하고 크게 숨을 들여마셔 가슴을 펴고 새로운 기운으로 인생길을 힘차게 걸어가는 것이다.

인생을 한낱 꿈이라 해도 좋다. 그러나 어떠한 고난의 길이 있더라도 영웅의 길을 걸어야 한다. 나는 독자들에게 말하고 싶다. 인생이란 무엇인가 생각해보라. 꿈이라고, 또는 나그네라고 생각해도 좋다. 그러나 결국 마지막에 인생은 자기 것이라고 결론 내릴 것이다. 그러니 인생을 방관한다는 것은 새 구상을 위함이 되어야 하고, 현실 도피는 새 전진을 위함이 되어야 하고, 초연자적超然自適함은 더 높고 더 넓은 새 도약을 위함이 되어야 한다.

## 나의 벗

"평생平生 친구 셋을 얻으면 성공한 사람이다"라고 말한 어느 선지인의 말이 기억난다.

나는 부富나 명예名譽도 얻지 못하였고 넉넉한 생활도 하지 못하고 살아왔으니 세상에 태어나서 성공하지 못한 사람 중 한 사람이 아닌가 생각이 든다. 이러한 사람만을 성공이라고 본다면 나는 이 세상에서 버림받았거나 무능력한 바보임에 틀림없을 것이다.

그러나 나에게는 친구가 있다. 그것도 남들이 부러워할 정도로 좋은 벗이 있다. 나의 머릿속에서는 항상 친구들의 모습이 아롱대고 그 친구들과 어울려서 보낸 지난 시간을 생각하는 것이 하나의 즐거움이다.

아득한 어린 시절 코 흘리는 개구쟁이 때 놀던 동무들, 그들 중에는 벌써 세상을 달리해 옛이야기나 동화책 속에서나 만나볼 수 있는 동무들, 고향을 떠난 지 오래고 서로의 생활이 달랐으니 자주 만나보지는 못했어도 지금 고향에 가면 그들과 뛰놀던 터전은 남아 있지만 먼저 가버린 옛사람이 되어 나의 기억 속에만 남아 있다.

철이 들면서 함께 어울려 놀던 친구, 세상사를 어설프게 깨달으면서 사귀었던 벗, 즐거웠던 시간 괴로웠을 때 함께 웃어도 보았고 슬픔도 같이 나누었던 친구들, 걸어온 길은 서로 달랐지만 만나면 언제나 반갑기만 한 친구, 소식이 없으면 궁금하고 만나면 마음이 편해지는 언제나 나의 주위에서 맴돌고 있는 친구, 그 벗들에게 나는 때로는 폭군이 되어 매서운 채찍도 들어보았고 어느 때는 '코미디언'이 되어 웃음도 주었던 벗, 이래도 저래도 싫다 않고 나를 아껴주고 감싸주었던 이런 소중한 친구가 있음을 자랑으로 생각하며 살아왔다.

뜻을 같이하고 어려웠던 길도 손잡고 함께 걸어보

았던 친구들, 지금은 비록 가는 길이 다르고 생각하는 것도 다를지 모르지만 때때로 나의 머릿속을 스쳐 간다. 만나면 변함없이 반갑고 지난날의 좋았던, 언짢았던 일을 회상하고 이야기꽃을 피워보는 친구, 세월은 흘러 다 같이 나이는 먹지만, 비록 세상사와는 떨어져 뜻도 길도 다 저버린 지 오래지만 그 친구들만은 뜻도 펴보고 길도 힘차게 걸어가는 모습을 보았으면 하는 바람, 나의 마음 속에는 이 시간에도 조금도 변함이 없다.

어느 때인가 서로를 알게 되어 생각과 길은 함께하지는 못했어도 만나면 반가이 인사를 나누고 안부도 묻고 하는 안면 익은 이웃, 이런 친구에게도 너도 잘되고 나도 잘 되었으면 하는 생각으로 평생 살아왔다. 이런 부류의 사람들을 넓은 의미에서 벗이라 말할 수 있을 것이다. 사람이면 누구나 이러한 벗들은 다 갖고 있다. 또 누구나 여러 벗들 중에서도 유달리 가까운 벗이 있다.

그러나 이 글의 서두에서 선지인先知人이 말한 친구, 그런 참다운 벗이 있다고 말하고 나설 사람이 과연 몇 명이나 있을까 생각해 본다.

그렇지만 나에게는 이런 소중한 벗이 있다. 친구를 대신해서 죽음까지 서슴지 않는 경지까지는 갔다고 말할 수는 없지만 기쁨과 즐거움은 물론이고 아픔과 괴로움을 같이 할 수 있는 경지까지 가 있는 벗이 있다.

이런 벗이 나의 곁에 항상 있기에 어느 누구도 나를 침범하지 못하고 또한 세상 사람들이 나를 부러워하고 좋아하는 이유 중 하나일 것이다.

나의 가슴속 행복과 즐거움으로 뿌듯하게 자리 잡고 있는 그대 친구들. 그대와 나, 아픔을 함께 하고자 눈물의 채찍을 들던 때도 있었고 즐거움을 나누고자 때로는 희극배우도 되어보지 않았던가. 그럴 때마다 우리 서로 이해하고 아픔도 나누었고 같이 웃지 않았던가. 그대와 나의 만남은 아득한 옛날이었지만 우연만은 아니었다. 그러기에 긴 세월 변함없이 좋아하지 않았나.

내가 걸어온 길목에서 휘청거릴 때 부추겨주었고 일으켜 준 참다운 벗, 그대 있으매 지금의 내가 있으니 어찌 고맙지 않으며 남에게 부러움도 받고 있지 않은가. 실의失意에 잠겨 있을 때 채찍질하고 용기를 준 고마운 친구가 나의 곁에 있으니 이것이 나의 자랑이 아니었던가!

지금 나 비록 힘없고 쓸모없는 허수아비일망정 험한 이 세상 가는 길에 다리 되어 그대 지키리.

# 대구 보건대학 졸업식 치사

오늘 학생 제군에게 졸업증서를 수여하는 이 사람은 경건한 마음으로 이 자리에 서 있습니다. 오늘 졸업을 하는 여러분이 학교를 다녔던 이 년 동안 지구상에 변천이 많았던 시기였습니다. 국내외를 막론하고 직접이건 간접이건 엄청난 시련이 연속되었던 때이기도 합니다. 더욱이 이 나라의 젊은이들에게까지도 알게 모르게 무거운 십자가를 짊어지게끔 하였던 때이기도 합니다. 그동안 수많은 슬픈 사연도 있었고 참고 견디기 어려웠던 때도 있었지만 제군들은 잘 참고 굳세게 이겨나가 이 년의 과정을 마치고 졸업이라는 자리에 지금 서 있는 것입니다.

제군들을 학교라는 품안에서 험난하고 예측하기 어려운 사회로 내보내는 이 사람의 마음은 대견스러우면서도 한편으로 편하지 않습니다. 그동안 일어났던 우리나라의 여러 사태 속에서 나는 우리가 단일민족이 아니고 마치 여러 다른 민족이 혼합하여 살고 있는 듯한 느낌을 가질 때가 있었습니다.

하나의 핏줄, 하나의 문화, 하나의 역사, 하나의 생활을 하는 우리 민족이 자칫하면 동질성을 잃어버릴 정도로 서로의 이해가 대립하여 관용과 용서와 타협의 미덕은 찾을 수가 없으며 끝까지 물고 뜯는 서글픈 사태를 여러 번 보았습니다. 이럴 때마다 뜻있는 사람들은 이 나라의 앞날을 크게 걱정하였습니다.

이 나라의 국민 모두는 민족이라는 하나의 생명체 속에 살고 있습니다. 그러므로 이 국가 이 민족에게 어려움이 있으면 다 함께 힘을 합쳐 헤쳐 나가야 하고 슬픔이나 기쁨은 같이 나눌 줄 아는 슬기로운 국민이 되어야 합니다. 어떤 사람은 머리가 되고, 어떤 사람은 손이 되고, 어떤 사람은 발이 되고, 어떤 사람은 눈이 되고, 어떤 사람은 귀가 되고, 어떤 사람은 입이 되어 각자가 이 사회에 이바지하는 분야는 다르더라도 어느 하나라도 자신의 소속감이나 분수를 모르면 생명체는 불구가 되고 그 사회는 제구실을 못하는 것입니다.

입이 가만히 있으면서 먹기만 하고 손이 화만 내고 일을 하지 않는다면 그 생명체는 살아 있다고 할 수 없습니다. 머리가 제구실을 다하지 못하면서 손이나 발 구실을 하고, 입도 제구실은 하지 않고 눈이나 귀 구실에 참견한다면 그 생명체는 갈등과 불만만 쌓여 생동조차 못하고 끝내 그 사회는 발전할 수 없음은 물론 암울한 사회가 될 것입니다. 먼저 민족이 살고 생동하는 사회가 되어야 각 개인이 살 수 있음을 깨달아야 합니다.

이제 우리는 조용히 가슴에 손을 대고 스스로 우리 민족에게 저지른 죄가 없는지 깊이 생각할 때가 왔습니다. 지금 이렇게 어려운 조국의 현실에서 제군들은 좋든 싫든 지금 이 시간부터 뛰어 들어가야만 합니다. 그렇다고 여러분들을 환영하고 따뜻하게 맞이하여 줄 곳이 있는 것도 아닙니다. 오직 제군들 스스로

부딪치고 노력하고 싸우고 개척해 나가야만 합니다.

제군들이 여태껏 다녔던 대학이라는 곳은 단지 학문하는 방법, 연구하는 방식을 배우고 익히는 과정을 닦았을 뿐 인간 완제품을 만들어내는 곳은 아닙니다. 그러니 대학을 나와 사회에 나가면 학문을 항상 더 닦으며, 구체적인 현실 문제에 부딪혔을 때 꾸준한 노력과 체험을 통해 자기 완성과 발전을 해 나갈 줄 알아야 합니다.

지금 우리나라는 정치는 물론이고 경제나 문화, 교육 문제까지도 잘잘못을 말하는 사람은 많아도 이를 시정하기 위한 근원이 어디에 있음을 알려주고 이 사회를 이끌고 사상을 심어주며 정신적 길잡이가 되어줄 큰스승이 나타나지 않는 안타까운 상황입니다.

이제 와서 누가 잘하고 누가 잘못한 것을 가려서 무엇 합니까. 누가 덕을 보고 누가 손해를 보았는지 계산을 해 본들 무엇 합니까. 문제는 우리 모두가 얼마나 아팠으며 얼마나 상처를 입었는지 깨닫느냐가 중요합니다. 자신의 잘못이 있으면 겸허하게 뉘우치고 깊이 반성할 줄 아는 인간이 되어야 합니다.

나는 결코 절망하지는 않습니다. 지금 이 시간에도 때 묻지 않고 상처받지 않은 수많은 젊은이, 제군과 같이 대학을 졸업하는 많은 젊은이들이 우리 조국의 현실로 뛰어 들어가서 이 나라 앞날의 운명을 양 어깨에 짊어지고 나가는 씩씩한 모습을 보면서 나는 한없이 마음 든든하기만 합니다.

그렇습니다. 제군들은 이 나라의 희망입니다. 앞으로 여러분들이 해야 할 일은 선배나 기성인들이 잘못한 것이 있으면 과감히 시정해 나가는 용기 있는 국민이 되어야 합니다. 조국이 안고 있는 고질적인 병폐나 모순이 있으면 명석하게 이를 바로잡는 슬기로운 국민이 되어야 합니다. 왜냐하면 나라의 운명은 오늘날 대학을 졸업하는 젊은 제군들의 향배와 자세 여하에 달려 있기 때문입니다.

나는 여기에서 누가 잘하였고 누가 잘못하였음을 가려내려고 하는 것은 결코 아닙니다. 다만, 우리 민족이 안고 있는 아픔을 함께 아파해 보았느냐고 묻고 싶을 뿐입니다. 여러분의 형제자매가 슬퍼할 때 같이 울어보았느냐고 묻는 것입니다.

그렇습니다. 남의 아픔을 자신의 아픔으로 생각하고 남의 슬픔을 자기의 슬픔으로 받아들일 수 있는 인간성 회복人間性回復만이 우리 조국이 안고 있는 어려움, 우리 민족이 겪고 있는 여러 가지 난제를 풀어 나갈 수 있는 지름길이 된다 함을 말하고 싶어서입니다.

우리 민족은 기나긴 역사를 살아오는 동안 헤아릴 수 없는 많은 시련과 수난을 겪었지만, 그래도 지금 이 시간까지 꿋꿋하게 살아가고 있습니다. 이것은 같은 민족이라는 동질성과 같은 핏줄이라는 믿음과 사랑, 즉 동포애라는 순수 인간성의 발로였습니다. 지금 이 땅은 불신과 갈등과 탐욕으로 가득 차 있습니다. 이런 풍조를 이 땅에서 과감히 도려내지 못하면 우리 민족은 영원히 구제받기가 어렵다는 사실을 알아야 합니다. 서로 믿고, 서로 용서하고, 서로 이해하는 바탕에서, 상대방의 위치에서 자신을 조명해 보는 사랑의 눈물이 맺힐 줄 아는 참다운 인간성 회복만이 내일의 조국, 우리 민족에게 영광이 된다는 것을 명심해야 합니다. 이 말이 오늘 대학 졸업을 앞둔 젊은

이들에게 던져주고 부탁하고 명하는 한 마디입니다.

나는 비록 내 할 일을 다 하지 못하고 이 자리에서 물러나 초야로 돌아가지만 나의 조국 땅 어디에 있더라도 생을 마치는 순간까지 이 겨레가 가는 길의 길잡이가 되고 한 알의 씨앗이 될 것을 다짐합니다.

## 고려대학교 입학 60주년 기념사

여보게, 친구들! 참으로 오래간만에 한자리에 모였습니다. 지금 내 가슴은 설레이고 반갑고 흥분되어 형들과 얼싸안고 뒹굴고 싶은 생각으로 가득 차 있습니다. 비록 머리는 하얗고 팔십이 다 된 나이지만 입학이라는 두 글자에 젊어진 듯한 착각 속에 이 자리에 서 있는 것입니다.

그렇습니다. 60년 전 바로 오늘 형들과 나는 고려대학교 본관 앞마당에서 옆 도서관의 마무리 공사에 한참인 석공들의 망치소리를 들으며 입학식을 치룬 잊지 못할 추억이 되살아나고 있습니다. 그 후 어언 갑자을축도 한 바퀴 돌아 오늘 우리들은 늙은 몸을 이끌고 그때 그곳에 우뚝 선 모교의 캠퍼스 안에서 입학 60주년 기념행사를 하니 어찌 감개무량하지 않을 수 있겠습니까?

1943년 4월 3일 동대문에서 전차를 타고 성동 들판에서 내린 나는 북쪽 산기슭에 자리 잡은 보성전문이라는 하얀 석조 건물을 바라보며 개천을 낀 소로를 따라 청운의 꿈을 안고 배움의 터전을 향해 첫발을 내디뎠습니다. 그 길에서 나의 눈에 처음 들어온 것은 긴 겨울잠에서 깨어나 파릇파릇 새싹이 솟아오르는 채소밭에서 머리에는 수건을 쓰고 손에는 호미를 들고 코를 찌르는 듯한 거름 냄새도 아랑곳하지 않고 김을 매고 있는 아낙네들의 찌들고 가련한 모습이었습니다. "아. 이것이 우리나라의 가난한 현실이며, 나라 잃은 백성들의 슬픔은 여기에도 있구나."라는 야릇한 생각을 하며 걸어가다 문짝도 없이 앙상하게 두 기둥만 서있는 교문을 들어서서 입학식장으로 갔습니다.

형들과 나는 이렇게 암울했던 시절에 이 학교에 입학했던 것입니다. 그 후 우리들의 학교생활은 어떠했습니까? 침략자의 폭정과 군국주의자軍國主義者의 마지막 발악까지도 몸소 겪고 당했던 우리가 아니었습니까? 그런 시절에 우리들은 만났고 같이 배웠고 토론도 했고 때로는 정리도 안 된 운동장에서 돌을 주워내고 서로 손잡고 뛰놀던 곳이 바로 이곳입니다.

여보게, 친구! 생각나나? 입학한 첫 해 5월 5일 개교기념일을 전후한 각종 교내행사 때 우리 보성전문의 기상氣像과 젊음과 낭만을 마음껏 발휘하며 즐기던 그때를…… 그 해 여름 근로봉사라는 미명으로 전교생이 동원되어 수원에 있는 서호저수지 준설공사浚渫工事에 봉사활동을 할 때 그곳에서 같이 일한 일본학교 학생들과 경쟁에서 이기겠다는 일체감이 솟아나 합심하여 있는 힘을 다 쏟아 부었던 보전의 단결심과 기개氣槪를, 그 힘든 노동의 합숙생활을 마치는 마지막 날 밤 마당에 모닥불을 피워놓고 둘러앉아 당시 구경하기 힘들었던 쇠고기를 안주 삼아 막걸리를 마시며 우리들의 호연지기를 마음껏 발휘하던 그런 낭만도 잠시였고, 그해 시월 말 병영 훈련을 한다고 남한산성에 있는 일본군 병사에 끌려가서 훈련 도

중 의도적으로 학도지원병제學徒志願兵制를 발표하고 그날 밤 병사 안으로 우리들을 모아 놓고 학도병學徒兵에 지원하라는 일본군 장교들로부터 위협과 협박을 당했던 것도 생각날 것입니다. 이 학병 문제를 기점起點으로 우리들은 뿔뿔이 헤어져야만 할 운명이 되었던 것입니다. 보성전문이라는 학교 이름조차도 없어졌고, 어디로 가는지 언제 돌아올지 생사조차 기약할 수 없는 길을 가야만 했던 친구, 이를 붙들지도 못하고 보내야만 했던 남아 있는 친구들과의 피눈물 나는 이별을 우리들은 겪지 않았는가? 학병으로 끌려가고 남은 친구들은 인천 조병창 직공으로 평양 군수공장에 공원으로 끌려가 침략자의 도구가 된 처량한 신세가 되었습니다. 그때 나나 형들이나 밤하늘에 반짝이는 별들을 쳐다보며 생사를 알 수 없는 친구들의 이름을 불러보고 그리워하지 않았던가?

여보게, 친구들! 우리는 이렇게 만났고 이렇게 험한 세상을 헤쳐 나가 싸우며 살아온 동지며 같이 웃고 같이 울었던 친구들입니다. 그 친구가 60년이 지난 지금 팔십이 된 늙은 몸을 이끌고 옛 친구를 만나기 위해 이 자리에 나와 함께 앉아 있으니 어찌 감개무량하지 않으며 기쁘지 않을 수 있습니까?

학병으로 끌려갔다 일본 히로시마廣島에서 원자탄을 맞아 건물에 깔려 있다 기적적으로 살아남았지만 지금은 불편한 몸으로 단장을 짚고 이 자리에 앉아 있는 저 친구, 학병을 피해 다니다 끝내는 붙들려 해주 시멘트 공장에서 고생고생하고 지금은 늙어서 우리들 곁에 와 앉아 있는 저 형. 지금 이 자리에서 이런 저런 그때 생각을 하며 형들을 보니 고맙고 기쁜 마음 무어라 표현할 말이 없습니다.

형들과 나는 이렇게 생사를 여러 번 넘기며 살아온 인생입니다. 해방 후에는 이념의 갈등 속에서도 우정만은 잃지 않았고 6·25라는 민족 상쟁의 비극을 겪었고 세상이 변하고 또 변했어도 우리들의 우정만은 변치 않았다고 나는 믿습니다.

지금 우리가 앉아 있는 이 자리를 꽉 메우고도 남을, 같이 입학하고 같이 배운 많은 친구들의 빈자리가 너무도 많습니다. 먼저 간 친구에게는 명복을, 오고 싶어도 병석에 있어 오지 못한 친구에게는 쾌유를 비는 엄숙한 시간을 잠시 가집시다.

우리들은 오늘 그동안 눈부시게 발전한 모교의 모습을 감명 깊게 돌아보았습니다. 이 웅장한 터전에서 배움의 길을 닦고 있는 삼 만이 넘는 후배, 안암골 호랑이들의 힘이 넘치는 젊음의 냄새와 씩씩한 모습을 보고 흐뭇하게 생각하며, 이토록 자랑스러운 터전을 거쳐 간 22만 교우들의 앞길에 영광만이 있길 기원합니다.

형들, 이제 기념사도 끝맺을 시간이 되었습니다. 인생은 연극의 연속이라고 누군가 말했습니다. 또 누구는 사람은 아름답게 죽는 것도 어렵지만 아름답게 늙어가는 것이 더 어렵다고 말했습니다. 오늘 입학 60주년 기념행사야말로 인생 연극의 한 장면입니다. 이 연극의 4막3장에서 마지막 장이 아니라 우리 '고일회高一回' 형들이 직접 연출하고 출연한 아름답고도 멋있는 인생人生 연극의 1막1장인 첫 막을 올리는 징소리입니다. 친구들이여! 이 연극의 4막3장의 마지막 그날까지 건강하고 행복하고 아름답고 멋있게 살아가야 합니다.

## 여보게, 친구 우리 한번 멋지게 늙어 보세

한 노인이 지붕 위에 앉아 망치를 들고 열심히 못질하는 모습을 텔레비전 화면에서 본 순간 나는 그 광경이 그렇게도 멋있고 아름답게 보일 수가 없었다. 그 노인이 20년 전 미국 대통령을 지냈던 분이라서만은 아니다. 지금 팔십은 되었을 그 할아버지의 얼굴에는 악의라고는 조금도 찾아볼 수 없는 미소 지은 순박한 인간 '카터'의 참모습을 보았기 때문이다.

'저 친구야말로 멋있고 아름답게 늙어가는구나.' 라는 감탄사가 내 입에서 저절로 나왔다. '카터'는 미국 역대 대통령 중 훌륭한 치적을 남겼다는 평을 받는 사람은 아니다. 그러나 그는 도덕적인 사람으로 정직과 성실을 몸소 실천했고 자기의 분을 알고 거취를 분명히 한 지도자였다. 미련 없이 사 년 단임으로 임기를 마치고 고향 땅콩 밭으로 돌아와 여생을 보내고 있는 분이다.

그곳에 '카터재단'을 설립하고 어려운 사람들 편에 서서 인류를 위해 평화와 봉사를 몸소 실천하는 시민이다. 가난하고 집 없는 사람들에게 여러 곳을 다니며 집도 지어주고 때로는 분쟁 지역에 직접 찾아가 평화를 위해 힘쓰고 있는 '카터'의 행적은 보도를 통해 종종 들을 수 있었다.

한때는 손자들과 물가에 나아가 낚싯대도 던지고 물장구도 치며 동심童心으로 돌아간 천진난만한 모습, 때로는 아내를 동반하고 향리에 있는 운동장 관중석에 친구들과 앉아서 고향 야구팀을 열심히 응원하며 파안대소하는 인간의 참모습을 화면을 통해 보았다.

나는 이러한 '카터'의 생활을 보고 야릇한 감회에 사로잡혔다. "저 친구야말로 참으로 멋있고 아름답게 늙어 가는 인간 모습 그것이다."라고 생각한다.

여보게, 친구! 그대와 나 저 '카터'처럼 늙지는 못하겠지만 그래도 우리 한번 멋지게 늙어 가 보세. 우리 지금껏 좋은 일 그른 일 많이 보아 왔으니 더 볼게 무엇이 있겠나. 어느 철인哲人이 말하지 않았나. "사람은 아름답게 죽는 것도 어렵지만 아름답게 늙어 가는 것이 더 어렵다."라고 한 말이 생각나네.

이제 친구나 나나 도연명陶淵明처럼 전원으로 돌아가 귀거래사歸去來辭나 읊으며 살지 못할 바에야 아귀다툼 속세에 파묻혀 살아가야 할 팔자이니 친구만이라도 만나 정답게 살아 볼까 하네.

돌아가자!
전원이 황폐해지고 있는데 왜 돌아가지 않느냐
지금껏 내 마음은 내 몸을 위해 함께 했었는데
무엇 때문에 혼자서 고민하고 슬퍼하는가?
지난 일 돌이킬 수 없으니
미래의 일들은 제대로 올바로 해야 할 것……

도연명의 귀거래사歸去來辭는 이렇게 시작되고

돌아가자!
세상 사람들과 관계를 끊자
세상과 나는 서로 등졌으니
수레 타고 활약한다 해도 얻을 게 무언가?……
이 땅에 몸을 의지하고 있되 얼마나 살아가리?
어찌 분수에 맞게 살지 않겠는가?
무엇을 추구하며 서두르다 결국 어디로 가겠다는 건가?
나의 소망은 부귀가 아니요
천국은 바랄 수 없는 것
혼자서 좋은 계절 즐기며
지팡이 꽂아 놓고 풀 뽑기 하고
동쪽 언덕에 올라 휘파람 불어 보기도 하고
맑은 시냇물 대하고 시를 읊기도 하네
자연에 순응하며 살다보면 목숨 다할 텐데
나의 삶 주어진 운명을 즐김에 의심할 게 무언가

(안영욱 역)

우리 이렇게 탈 속세도 하지 못할 몸 어디 간들 반겨 줄 곳이 있겠나. 나 이제는 몸도 쇠약해지고 갈 곳도 없어 괴나리봇짐 하나 등에다 걸머지고 고향으로 가는 차에다 몸을 맡기고서, 괴롭고 슬펐던 지난 일들은 창가에 다 던져 버리고, 철모르고 뛰놀던 어린 시절만을 생각하며 고향 땅으로 돌아가 밭 갈고 씨 뿌리며 세상과 등지고 살아볼까 생각도 했으나 산도 옛 산이 아니요 어릴 때 발가벗고 뛰놀던 바닷가도 변해 형태조차 알아볼 수 없고, 아득한 어린 시절 코흘리개 개구쟁이 동무들은 벌써 가버려 기억 속에만 남아 있으니 그 누가 반겨주겠나. 이것조차 세월 속에 묻어버리자.

순박했던 그 옛날의 농촌, 인정마저도 옛이야깃거리가 되었으니 돌아간들 무엇 하리.

평생을 해로偕老한 우리 두 사람 돌아가는 고향 길에 지치고 발병 나 중간에 주저앉은 이곳에서 현실과 이상을 오락가락하며 살아갈까 하네.

여보게, 친구! '시 읊으며 노래 부르는 것은 사랑한다는 것' '사랑한다는 것은 산다는 것' 이니 혼자보다는 둘이, 둘보다는 셋이 좋으니 이제는 친구와 어깨를 나란히 하고 걸어보면 좋지 않겠나! 그대와 나 기왕 깊은 만남을 가져왔으니 두터운 우정의 만남을 찾아야 하며 진리를 주고받고 인격과 인격이 서로 포옹하는 만남 속에 인생의 참된 신뢰가 있고 삶의 보람이 있으며 웃음과 행복이 언제나 깃들어 있는 우리 만남의 자리가 되어야 하네.

여보게, 친구! 우리 한번 멋지게 늙어 보세.

우리들이 만나는 자리에서는 남을 칭찬하는 것이 매우 인색하지만 우리 주변의 그곳만은 남을 칭찬하는 명랑한 자리로 만드세. 괴롭고 슬펐던 일 있으면 그곳에다 다 털어버리고 즐거움은 서로 나누며 이웃에 어려움과 괴로움이 있으면 조금이라도 이해해줄 수 있는 인간 순수성이 살아있는 곳이 되어야겠네. 친구나 나나 나이 들어 만나는 자리이니 아귀다툼 세상사에 끼어든들 무엇 하나. 이제는 바랄 것도 없으니 몸과 마음 건강하고 서로 믿고 용서하는 인생길의 한 토막을 이루어 보세.

여보게, 친구! 우리들이 만나는 그곳이 언제나 햇

볕처럼 따뜻하게 푸른 하늘처럼 맑게 우거진 숲처럼 울창하게 오늘도 어제처럼 내일도 오늘처럼 또 모레도, 언제나 한결같은 맑고 바르게 살아가는 우리의 낙원을 꿈꾸며 이 글을 쓰고 있네.

## 농촌 생활과 결혼

나의 농촌 생활은 해방된 해인 1945년 가을부터 시작하였다고 할 수 있다. 아버지를 잃은 뒤, 우리 집 살림을 맡았던 때가 그때이었고, 비록 학교에 적은 두고 있었지만 화려한 도시를 버리고 초부樵夫가 되어야겠다고 마음먹기 시작한 것도 그때부터였다.

처음 농촌에 내려와 농민 생활을 시작하자, 동네 사람들은 내가 자기네들과는 같은 사람이 될 수 없는 특별한 사람으로 대해 주었다. 생활 수준도 다르고 교육도 많이 받았고 해방을 전후하여 서울에서 나라를 위해 큰일을 많이 한 사람이라 생각했고, 그때는 이십대 초의 젊은 나이지만 앞으로 나라의 높은 자리에 갈 촉망받는 유능한 젊은이로 확신했기 때문에 부러움의 대상이었다. 그러니 자기네들처럼 생활에 쪼들리고 힘든 노동을 하는 농촌 생활을 한다는 것은 생각조차 하지 않았다. 처음에 내가 논이나 밭에 가서 일하는 흉내라도 내면 "당신 같은 사람이 왜 논밭에 들어가서 힘든 일을 하느냐"고 굳이 말리고들 하였다. 어쩌다 농사일을 해 보면 몸에 노동일이 배어 있지 않아서 힘들다는 것이 실감났다.

나의 고향故鄕은 산골은 아니지만 서해에 접해 있는 벽촌이었다. 전깃불이나 기차를 구경하려면 팔십여 리 떨어진 수원군청 소재지로 나와야 했고, 자동차를 타거나 국민 학교를 다니고 시장이나 병원에 가기 위하여서도 이십여 리 소로를 걸어 조암면 소재지까지 나와야만 했다. 농촌 부락으로는 제법 큰 집단부락을 이루어 이백 호 가까운 농가들이 세 곳으로 분산된 동네였다. 각성바지들이 살고 있었으나 순박해서 인심이 좋았고 단결이 잘 되는 부락이었다. 대부분 소작농이었고 자작하는 농가는 손꼽을 정도였다. 나는 우선 동리 사람들과 접촉할 수 있는 많은 시간을 만들어야겠다고 생각하여 우리 집 안사랑과 바깥사랑을 개방하여 동리 사람들이 어느 때나 모여서 이야기도 나누고 일거리도 가지고 와 일할 수 있는 장소로 만들었다. 안방과 사랑방에 라디오를 개방하여 남녀 누구나 와서 즐겁게 지낼 수 있게 하였다.

문맹이 많음을 알고 국문조차 모르는 남녀를 모아 놓고 야학도 했다. 심지어 야학에 나오는 것을 부끄러워하는 처녀까지 강제로 끌어다 국문만이라도 깨우치게 하였다. 젊은 청년들을 단합시켜 협동 정신을 넣어주고 동네 발전에 힘을 기울이는 방향으로 지도하였다. 봉건사상에 젖어 있는 동네 어른들은 처음에는 내가 하는 일에 의구심을 가지고 보았으나 차차 이해하고 협조하기에 이르렀다. 그때 우리 집 식구는 어머니와 나, 두 식구였으나 식사 때는 언제나 손님 또는 동리사람들과 함께 하는 일이 많아서 대식구였으며, 특히 농사일을 하는 날에는 항상 수십 명의 일꾼 뒷바라지를 어머니가 하셨다. 그때그때 동네 이웃 부인들이 와서 거들어 주었지만 오십이 넘으신 어머니로서는 감당하기 힘드셨다.

이와 같은 집안 사정으로 인해 빨리 배우자를 얻어 집안 살림을 맡겨야겠다는 생각을 하였다. 당시 나는 사귀던 여자가 있었다. 연애를 하기보다는 배화여고를 나오고 이화여전에 재학 중인 아가씨가 서울 집에 출입할 수 있게 되어서 자주 집에서 만날 수 있었으며 자연히 친숙해져 정답게 대화할 수 있는 사이가 되었다. 뜨거운 애정을 느끼지는 못했으나 주위 사람들은 그 여자와 결혼하게 되는 것이 아닌가 하고 생각 할 정도였다.

그 시절 나는 여자하고 달콤한 이야기나 하고 여자 꽁무니나 쫓아다니는 것은 사내 대장부가 할 일이 아니라고 생각하였다. 또한 그렇게 할 시간도 없었다. 나는 젊은 여자 특히 나의 배우자가 될 여성을 어떠한 신비스러운 존재로만 생각해 왔다. 그러면서도 여자는 남자에게 순종하여야 된다는 남존여비, 여필종부의 사고가 머릿속에 있었다. 그러니 달콤한 사랑을 속삭일 수 있는 그러한 성격의 소유자는 아니었다.

시골에서만 사시던 어머니는 빨리 며느리를 보고 싶으셨지만 자식인 내가 당연히 서울에서 대학공부를 한 신식 처녀를 맞을 것이지 농촌에 있는 시골 처녀는 생각조차 않을 것이라 생각하시고 나의 눈치만 보고 계셨다.

그 무렵 나는 아내를 맞아들이기로 결심하였다. 누구를, 어떠한 처녀를 아내로 맞는 것이 좋을까 하는 생각을 하게 되었다. 그때 내 나이 이십사 세였고, 당시만 해도 시골에서는 노총각 축에 들었다. 우리 집 형편이나 나의 처지로 보아 먼 미래까지 내다보고 평생의 반려자가 될 배우자를 선택하기란 그리 쉬운 일이 아니었다. 나는 여러 모로 생각한 나머지 농촌에서 자란 순수한 농촌 처녀를 아내로 맞이하기로 마음먹었다.

내가 이렇게 결심한 큰 이유는 농촌에서 자란 여자가 도시 생활에 순응하기는 쉬워도 도시에서 자란 여자가 농촌 생활에 적응하기는 어려울 것이라는 판단에서였다. 마땅한 시골 처녀가 있으면 나의 반려자로 삼는 것이 상책이라 생각했다.

나는 곧바로 어머니께 나의 뜻을 전하고 참한 시골 색시를 며느리로 구해 보시라고 하였다. 시골 처녀에게 장가를 들겠다는 소문이 나자, 인근에서 중매하는 사람이 드나들면서 집안이 붐비게 되었다. 그때만 하여도 시골에서는 봉건적 구습이 잔재해 있었다. 그러나 나는 아무리 남녀유별이라 하더라도 중매자의 말만 듣거나 조건이 좋고 참한 규수라는 소문만 듣고 결정할 수는 없었다. 최소한 당사자끼리 한번이라도 직접 보고 아내로 맞아도 좋겠다는 심증이 생겨야 결혼하겠다고 마음먹었다. 마침 나의 마음에 내키는 한 처녀가 떠올랐다.

내가 중학시절 방학이 되어 고향집에 있을 때 조그마하고 예쁘장한 어린 여자 아이로 이십 리 길 초등학교를 다니었던 한 동네 여학생이 머리에 떠올랐다. 그는 우리 동리에서는 개명한 집이고, 그 어머니는 우리 시골에서는 드물게 여학교를 나와 보통학교 여선생도 지낸 분의 딸로 박朴 주사主事의 손녀딸 '영재' 라고 하는 이름의 처녀이며, 생활이 넉넉지 못하여 우리 집에서 건너다보이는 조그만 초가집에 살고 있다는 정도만 알지, 지금 다 큰 처녀의 모습은 본 적이 없었다.

어느 여름날 동네 어른 한분이 와서 바로 그 처녀 이야기를 나에게 하는 것이었다. 말이 나온 그날 저녁 예고도 없이 나 혼자 처녀의 집으로 찾아갔다. 당황하는 그 집 식구에게 인사를 하고 어두운 방 등잔불 밑에서 맞선 아닌 맞선을 보았다. 처녀는 그때 어쩔 줄 몰라 불안해하며 미처 버선도 신지 못하고 맨발로 쪼그린 채 앉아 떨고 있는 듯 보였다. 색시집 식구를 다 나가게 하고 단 둘이 어두운 등잔불 밑에 앉아 내가 몇 마디 묻는 말에 대답 한 마디 못하고 고개만 숙이고 앉아 있던 지금 아내의 처녀시절 모습이 생각난다.

그날 저녁 집에 돌아와 어머니께 그 처녀와 결혼하겠다는 나의 뜻을 말씀드렸다. 어머니는 반대는 하지 않으셨지만 마음속으로는 흡족하게 여기지는 않으셨던 것 같다. 그러나 아들이 장가를 들고 참한 며느리를 맞아들인다는 것이 반갑고 기뻐 아무 말씀도 없이 찬성하셨다.

다음날 "댁 따님과 결혼하겠다"라고 일방적으로 통지를 보내고 사주로 보낼 선물 몇 가지를 장만하기 위하여 서울로 올라갔다. 그때 처갓집은 물론 당사자도 좋다 싫다 하는 의사도 물어볼 여유조차 없이 그저 어리둥절한 상태였다고 한다.

1946년 음력으로 칠월 칠일 칠석七夕날 사주四柱를 신부 집으로 보내 결혼할 것을 약속하고 팔월 말 아버지 일주기一週忌에 탈상脫喪을 한 다음, 길일吉日인 9월 20일을 택해 결혼식을 올렸다. 식은 우리나라 전통인 구식으로 하였다. 처가는 한 동네에서 건너다 보이는 가까운 거리였으나 격식대로 신랑인 나는 사모관대로 정장을 하고 말(조랑말이 아닌 큰말)을 타고 신부 집으로 갔다.

신부 집 앞마당에 마련해 놓은 초례청에서 신부와 마주 섰다. 절차에 따라 족두리를 쓰고 연지곤지를 찍은 신부의 큰절과 이에 답하는 신랑인 나의 큰절 등 예를 다해 혼례식을 마치었다. 식을 끝마치고 그 날로 말을 탄 신랑인 나는 앞서고 가마를 탄 신부인 아내는 뒤따라 집으로 왔다. 그때 교통이 불편한 먼 시골집까지 나의 친구들 이십여 명이 서울에서 축복해 주기 위하여 내려왔다. 그 친구들은 소위 개명한 청년들이다. 마부며 가마를 메는 사람은 그 당시는 하인들이나 하는 일이었다. 그러나 서울에서 온 개명한 나의 친구들은 자진하여 신랑이 탄 말 고삐를 잡고 신부의 가마를 메고 동네를 한 바퀴 돌아서 신부 집에서 신랑 집까지 우리 부부를 축복해 주면서 데리고 왔다. 이 파격적인 신식 청년학생들의 행동을 본 시골 사람들은 놀랐다.

집에 와서는 사당祀堂차례도 지내고 의식을 마치고 만인의 축복을 받은 우리 부부는 결혼 초야를 보냈다. 그때 내 나이 24세였고 아내는 19세였다. 아내는 시집오기 전 많이 울었다고 한다. 본인은 아직 시집 갈 생각을 하지 않았고 자기 집 생활 형편이 우리 집과 차이가 많은 데다 학교 교육도 많이 받지 않은 처지였고 혼수도 장만하여 오지 못하고 몸만 올 것을 생각하니 너무도 초라한 것만 같아 자기 마음에도 내키지 않는 결혼이었으며, 양친들도 이 결혼을 좋다든지 싫다든지 확실한 말도 없이 신랑이 하자는 대로 끌려만 가는 것 같아 불안한 마음으로 시집을 왔다고 하였다.

아내는 자존심도 강하였으나 순종하는 것도 여자의 미덕이라 생각하였던 모양이다. 모든 사람들이 부러워하였고, 선망의 대상이 된 우리 부부는 이렇게 새 가정을 이루었다. 비록 달콤한 사랑을 속삭이면서 아기자기한 부부생활을 하지는 않았다 하여도 서로 아끼고 이해하며 돕는 부부가 되었다.

오늘의 내가 있기까지는 아내의 부덕과 절대적인 내조의 힘이 컸다. 내가 논에 나가면 아내는 밭에 나갔다. 내가 지게를 지고 소를 몰고 가면 아내는 머리에 거름동이를 이고 손에는 호미를 들고 뒤따랐다. 사랑방에서 수많은 손님들과 만나고 있을 때 아내는 안채 부엌에서 묵묵히 손님 대접 준비를 하였다. 위로의 말 한 마디도 없는 무뚝뚝한 남편인 나를 한 마디의 불평도 하지 않고 정성껏 하늘처럼 받들어 주었다. 하늘에서 맺어준 인연으로 우리 둘이 부부가 되어 시골 고향집에 주저앉아 생활을 계속하자 주위 사람들은 그때서야 내가 정말 서울로 가지 않고 시골에서 농사를 짓고 살려는 것으로 믿기 시작하였다.

농사일이란 그렇게 쉬운 노동일이 아니다. 당시는

기계화된 영농도 할 수 없고 단지 원시적인 육체노동에만 의존하는 방법밖에 없을 때이다. 노동도 어려서부터 습성화되어야 힘이 덜 들지 나처럼 서생으로 있다가 농부들과 같이 어울려 농사를 짓는 일을 하는 것은 쉬운 일이 아니었다. 그때만 하여도 젊은 나이에 건장한 신체였던 나로서도 다른 농부들과 같은 한 몫의 일을 하기는 어려웠다.

물론 우리 집에는 머슴(일꾼)들도 있고 동네 사람들은 먼저 우리 집 농사를 거들어 주었지만 나는 내 나름대로 농사일을 하는 흉내도 내며 노력도 하여 동네 농부들과 유리된 듯 귀공자연貴公子然은 하지 않았다.

그 당시만 하여도 토지개혁이 실시되기 전이라 농토는 대부분 지주의 소유였고, 실제 경작을 하는 농가는 소작을 하여 영세성을 면치 못하였다. 우선 나는 내 소유의 전답을 경작하는 작인들에게 그 토지를 소유케 하여 자작으로 해 주었다. 동네에는 2년제 간이 학교만 있고 초등학교는 이십여 리나 떨어져 있는 면 소재지까지 걸어 다녀야만 했다. 이 어린 아동들의 초등 교육기관인 초등학교를 부락 가까운 곳에 신설하는 기성회를 만들고 기성 회장을 맡았으며 학교를 신축하는 데 힘을 쏟았다. 동리 중심 마루턱에 공회당을 새로 짓고 운동장도 마련하며 운동시설도 꾸며 놓았다. 공회당에서 동네 사람들과 회합하였고 밤에는 남녀를 모아 야학도 했다.

젊은 남녀들을 조직화하여 단결과 봉사의 정신을 넣어 주었다. 농한기에는 여러 운동도 하며 즐겁게 한때를 보내며 애향심도 키워주었다. 삼일절이나 광복절 같은 기념일에는 동네 사람들을 공회당에 모아 놓고 엄숙한 기념행사를 거행하여 국가관을 심어주기도 하였다. 의료시설이라고는 전혀 없는 동네라서 우리 집에 각종 약품을 장만해 놓고 반 의사 노릇도 하였다. 그때 '다이야진'이라는 알약은 만병통치약이었고 '페니실린' 주사는 특효가 있었으며, 'DDT' 소독약의 위력도 대단하였다.

이렇게 단결과 협동의 정신을 키우고 문맹을 퇴치하는 한편, 농촌의 악습을 근절하는 데 젊은 사람들과 앞장섰다. 노름 같은 것을 철저히 막고 부락에서 지나친 탈선행위나 지탄을 받은 사람은 전 부락민의 결의로써 조리를 돌리는 옛 형벌을 가한 때도 있었다. 나는 이러한 것들을 몸소 실천하였다. 시간이 흘러 동네 어른들은 물론 인근 사람들도 전폭적으로 나의 말을 믿었고 무조건 따라주었다. 나는 몸은 고달팠으나 성과가 보일 적마다 만족감을 느끼게 되었다.

해방 직후 내가 본 우리나라의 농촌이란 전국 어느 곳이나 빈곤 그 자체였고 비참하였다. 대부분의 농가는 소작농으로 그것도 충분한 경작지를 소유하고 영농한 것이 아니고 겨우 사정해서 몇 두락의 농토를 얻어 농사를 지었고, 그것도 수확 후에는 일정한 소작료를 지주에게 바쳐야 되었으니 영세할 수밖에 없었다. 그러니 교육수준도 말할 수 없이 낮고 문맹도 많았다.

나의 고향인 우리 동네는 그 중 나은 편에 속하는 농촌 부락이었다. 농토는 비옥하였고 해변이라 해산물도 산출되어 생활수준도 나은 편에 속하였지만, 내가 고향으로 가서 농사를 시작하였던 해방 후만 하여도 흰 쌀밥을 먹을 수 있는 집은 몇 집 되지 않았고 일 년에 한두 번 명절날이 되어야 육류를 맛볼 수 있는 정도였다. 제대로 이부자리를 펴고 잠을 잘 수 있었던 집이 몇 집이나 되었을까 세어 볼 정도였다. 이 와중에 우리 부부는 십여 년의 농촌 생활을 무사히 마쳤다.

제2장

# 세월은 흘러가고

## 20세기여 잘 가거라

1999년은 이제 저물어 가고 있다. 천 년을 마감하는 세기 말이다. 15억으로 출발한 인구는 올해로 간단히 60억을 넘어섰다. 1999년 10월 12일 보스니아 수도 사라예보의 한 병원에서 60억 번째 아이가 탄생한 순간을 인간 운명의 날로 정하자고 말한 사람도 있었다.

금세기 초는 강대국들이 힘의 논리와 민족과 자본을 무기로 내세워 전쟁과 학대로 약소국을 침략한 식민지 정책의 전성기를 이루었고 이에 편승한 파시스트와 군국주의자들의 야욕으로 발단된 1·2차 세계대전은 이 지구상 방방곡곡을 전쟁의 소용돌이 속으로 몰고 간 시기였다. 이런 학정에 시달린 민족들은 각성하고 투쟁해서 자립과 독립을 되찾았고 또한 반 세기 이상 풍미했던 이념의 시대도 소련제국의 해체와 더불어 그 막을 거의 내려가고 있다. 이제는 새로운 시장전쟁의 시대로 세상은 빠르게 변해가고 있다.

찬란한 기술진보와 정보화의 진전은 말할 수 없을 만큼 모든 분야에 확대 발전해 갔고 그 최정상에 올라있는 미국은 전 세계에 군림하여 큰소리를 치고 있다. 그러나 아무리 발전하고 최정상에 올라섰다 해도 지금 이 시간에도 지구 한 쪽에는 풍요와 과소비의 양지가 있는가 하면 다른 한 쪽에서는 절대 빈곤의 기아와 질병에 시달리고 있는 음지가 대책 없는 모순으로 방치되어 있음을 알아야 한다.

만약 인간에게 욕망과 투쟁심이 없었다면 인간 생활의 최초인 토굴 원시생활에서 벗어날 수 있었을까 생각해 본다. 인간은 생각할 수 있는 능력과 선악을 가릴 수 있는 지혜로움을 부여받아 이 두 가지 양면이 인간 내부에 공존해서 긴 세월 동안 투쟁과 창조로 발전해 왔다.

금세기야말로 저항과 파괴, 도발과 반역으로 얼룩진 세기였고 그로 인해 눈부신 발전을 한 세기라고 말할 수 있다. 지구상 도처에서 투쟁과 발전이 거듭되는 동안 이 땅도 그러한 범주에서 벗어날 수는 없었다. 지난 세기말 1894년 학정에 시달린 민초들의 봉기로 동학란(동학농민혁명)이 일어났고 그 여음이 금세기 초로 이어지며 구 질서에서 벗어나 새 질서를 갈망하는 백성들의 저항은 이어졌으나 그 뜻을 이루지 못하고 이 땅에 다가온 침략자의 압정과 슬픔을 당했던 역사의 한 토막이 있었다.

세기 중엽에 나라는 찾았으나 국토는 양분되고 동족상쟁이라는 쓰라린 역사를 치러야 했던 시기였음을 기억해야 한다. 그동안 수차례 선거를 거치며 민주국가로써 체제와 형태는 이루어 놓았으나 그 운영의 묘는 찾지 못하고 국민의 미숙과 지도자들의 그릇된 자세와 판단으로 갈등과 대립만 거듭하여 사회불안만 계속해 민주주의의 꽃이 피었다 졌다 하며 피어보지 못하고 지금에 와 있다.

금세기를 보내는 마지막 해인 금년에도 서해 연평

도 앞 바다에서 남과 북 양쪽이 선단을 동원해서 총격전을 치른 이 사실은 아직도 우리 민족이 긴 어둠에서 깨어나지 못하고 있음을 말해준다.

어디 그뿐인가 우리가 사는 이 땅에 '핵' 이니 '미사일' 이니 하는 가공할 위협 속에서 이 세기를 넘기고 있다. 새 천년의 새벽이 다가오고 있다. 새벽이 문 앞까지 와도 깨어있지 않으면 밤중일 뿐이다. 오직 눈뜬 자만이 볼 수 있다. 이제 우리는 눈을 떠야 한다. 그러나 얼마 전까지 코소보와 동티모르에서 인종청소라는 인간 극악의 사태가 일어났고 지구상 도처에서 크고 작은 총소리는 그칠 줄을 모르고 기아와 질병과 재해로 신음하는 처참한 소리가 들려오고 있다.

지금 이 시각에도 체첸에서는 힘센 러시아가 약한 체첸인을 무수히 살육하고 있지 않는가. 세기말이 되어서인지 금년에는 지구상 각처에서 가공할 '지진' '태풍' '홍수' 가 발생해서 상상을 초월한 천재지변이 많이 일어나고 있으나 이러한 현상은 하늘이 인간에게 내린 준엄한 심판이고 엄한 경고가 아닌가 생각된다.

이제는 잠에서 깨어날 때가 왔다. 개인도 민족도 온 인류도 눈을 뜨고 새 천년 새로운 시대를 맞이할 준비를 해야 된다. 물질문명이 지난 세기 동안 인류에게 진정한 행복을 가져다주지 못했고 정치, 문화, 경제, 사회, 교육, 환경 등 모든 분야가 병들어 있다. 인간이 물질문명의 도구화가 되어서는 안 된다. 그동안 물질문명 발전에 쏟은 정성 못지않게 이제는 의식의 진화와 발전에 정성을 기울여야 한다. 물질과 폭력으로 인간의 갈등과 고통을 근본적으로 풀 수는 없다. 이제부터는 지난 세기동안 인간에게 지나치게 밀착되었던 탐욕을 털어 버리고 갈등은 풀고 폭력은 자제하는 정신문명의 시대로 들어가야 한다. 결과만을 중요시하는 세상이 아니고 "왜? 무엇을 어떻게 했느냐"의 과정을 더 중요시하는 시대가 되어야 한다. 네가 있으므로 내가 존재한다는 소박한 생각, 사랑과 믿음으로 연결되는 사회, 진실과 투명한 생활을 바탕으로 한 정신문화 운동이 일어나야 한다. 이것만이 새 천년에 들어서 나와 민족과 인류를 치유할 수 있는 길이다.

지금 이 순간에도 시간은 멈추지 않고 흘러가고 있다. 천 년을 보내는 한 세기는 저물어가고 있다. 좋든 싫든 지난 시대는 다시 돌아오지 않는다. 나는 이 순간 20세기를 살아온 한 사람으로서 모든 것을 훌훌 털어 버리고 우리의 밭을 갈고 새 씨앗을 뿌리며 겸허한 자세로 "아 20세기여 잘 가거라" 이 한 마디만을 남긴다.

## 세모유감歲暮有感
### — 21세기 첫해도 저물어가고 있다

여보게, 친구! 이 순간에도 세월은 흘러가고 있네. 누가 오라고 해서 온 것도 아니고 가라고 해서 가는 것도 아니지만 지금 이 순간에도 세월은 멈추지 않고 흘러가고 있네. 자네와 내가 살아왔던 격동의 20세기가 지나간 지도 일 년. 21세기 2001년 신사년도 저물어가고 있으니 이제는 임오년 새해가 오겠지.

내가 이 세상에 태어난 지도 몇 해냐, 이 말을 한 것만도 몇 번인가, 지금도 한 해를 넘기려고 시계바늘은 멈추지 않고 가고 있네.

생각해보세. 해를 넘기고 넘길 때마다 다짐하고 또 다짐해 본 바람과 희망도 있었지만 이런 것 저런 것

한낮 꿈이요, 지내놓고 생각하면 공허만 쌓일 뿐 뜻대로 되거나 이루어놓은 것은 아무것도 없고 손에 거치는 것은 내 육신에서 늘어나고 있는 흰 머리카락뿐일세.

여보게, 속아 사는 것이 인생이라 하고 '콤마' 이하는 풀리지 않는 수학문제처럼 풀 수 없는 것이 인생사라 하지만 그동안 속은 것도 많았고 실망한 것도 한두 번이 아니었지만 그래도 꿈만은 아름다웠고 그 바람만은 옳았건만 세상사 아름답고 옳고 정당하여도 뜻대로 이루어지지는 않는 것인가 보네.

세세연연歲歲年年 기나긴 세월 동안 엄청난 일도 많이 당했고 가시덩굴 형극의 길속에서도 지금까지 살아왔는데 이제 얼마 남지 않은 짧은 삶만은 속지 말고 살고 싶네. 오는 새해에는 꿈도 버리고 희망도 없는 시신처럼 한 해를 보낼 수만 있다면 돌아오는 세모에는 후회도 아쉬움도 없을 게 아닌가!

인간의 영고성쇠, 변하는 것이 세상인데 백 년도 살지 못하는 짧은 인생 후회 없이 한번 살아볼까 생각도 해보았지만 그러나 여보게 지금 내 가슴속에서는 그것을 용납지 않고 있네.

신사년을 보내고 임오년 새해를 맞이할 내 가슴은 다시 용솟음치며 뛰고 있다네. 즐거웠거나 괴로웠던 지난 일들이 주마등처럼 아롱대며 눈앞을 지나가고 있지만 이런 것들을 과거지사로 돌려버리자. 풀지 못해도 좋고 또 속아도 좋다. 생명이 있고 영이 다할 때까지 꿈을 안고 희망을 갖고 새해를 맞아 첫날부터 힘차게 내디디며 걸어가야지 지금까지 어렵사리 살아온 내 인생을 이대로 묻어버려도 되겠는가. 우리 한번 두 주먹 불끈 쥐고 큰소리치며 남은 짧은 인생 더욱 아름답게 살아가보세.

여보게, 친구! 우리 비록 나이 들고 힘도 없지만 희망이 넘치는 광야를 향해 달려야 하네. 이는 나만을 위해서가 아니라 이 땅에서 사라지고 있는 희망의 불씨를 되살리고 후손들에게 꿈과 희망을 갖게 하고 떠나가는 국민의 마음을 되잡고 흐트러진 민심을 한 곳으로 모아 온 국민에게 국가에 대한 긍지와 희망을 불어넣기 위해서도 우리만이라도 앞장서야 하지 않겠나.

지금 지구 도처에서 일어나고 있는 일련의 사태 특히 아프가니스탄의 전말을 화면을 통해 생생하게 보고 지면의 기사를 읽을 때마다 내 가슴에 뜨겁게 찔려오는 것이 있네. 좋은 지도자를 갖지 못한 국민은 얼마나 불행하며 깨닫지 못한 민족은 얼마나 비참한가를 똑똑하게 보여주고 있지 않은가? 우리나라도 뼈저리게 슬픈 역사를 여러 번 갖고 있지 않나. 그리고 그대와 나는 그 슬픈 역사의 한때를 직접 체험했던 세대일세.

희망이 없는 국민처럼 불행은 없네. 못살더라도 희망이 있는 나라는 잘 살면서도 희망이 없는 나라보다 더 국민들을 행복하게 만든다는 말이 있지 않은가!

새해를 맞으면서 국민의 마음 속에는 앞날을 걱정하고 심지어 비관하는 사람이 많은 것은 우리 사회 어디를 둘러보아도 희망을 안겨 줄 만한 것이 별로 없다고 생각하기 때문일세. 국민이 믿고 따라 갈 만한 지도자가 없다고 생각하는 사람이 많은 것은 사실 아닌가? 지금까지 정부를 철석같이 믿고 살아 본 적이 있었을까? 권력에 눈이 어둡고 정쟁으로 소일만

하는 정치인들을 믿을 수 있는가? 대통령 또한 사회 각계 지도급 인사들은 어떤가? 그래도 우리는 어떻게 해서든 우리 스스로의 손으로 희망의 불씨를 키워 나가야 하네. 왜냐하면 이 나라는 어느 누구의 것도 아니고 우리들의 것이기 때문일세. '민족이 살아 있는 나라에는 멸망이라는 단어는 없다' 라는 격언이 있듯이 우리의 늠름한 모습을 보이세. 비록 힘없고 이름도 없는 우리지만 제각기 희망을 살려나가는 노력을 할 때 다시 희망이 솟아날 것이며 이렇게 해야 후손들에게 좋은 유산도 남겨줄 수 있네.

2002년 새해에는 우리 국민에게 새 희망을 듬뿍 안겨 줄 여러 가지 일들이 기다리고 있기를 비네. 우리나라가 보다 성숙해질 수 있는 세기의 '축구축전' 인 월드컵이 이 땅에서 열리는가 하면 우리나라 민주주의 발전을 도모하고 새 시대 새 모습으로 거듭 태어날 수 있는 국가 대사인 각종선거 특히 대통령 선거가 우리를 기다리고 있네. 여보게, 그 곳에는 우리들의 꿈이 있고 희망도 있고 그리고 승리의 기쁨도 있음을 명심하세.

이제는 오랜 어둠에서 깨어나 환희의 언덕을 향해 한 단계씩 밟아 오르는 끈기와 벼랑 끝에서도 물러서지 않고 버틸 줄 아는 뚝심을 가진 민족의 긍지와 용기를 갖고 새해 새 아침을 맞이하세. 새해 초부터 모두가 일어서서 한마음이 되어 새 희망이 넘치는 새 시대의 힘찬 행진을 하는 슬기로운 국민이 되어야 하지 않을까?

## 신춘유감新春有感
— 동천東天의 붉은 태양이 솟아오른다

K형! 2005년 을유년乙酉年도 저물어 가고 있습니다. 세모가 되면 어김없이 찾아오는 구세군의 자선냄비에서 은은하게 울려 퍼져 나오는 방울 소리에 이끌려 발길 가는 대로 소리 나는 곳으로 찾아가 주머니를 털어 냄비 속에 손을 넣었다 빼는 순간 빨간 제복을 입은 구세군 아가씨의 예쁜 손이 알사탕 두 알을 내 손에 꼭 쥐어주며 고개 숙여 "고맙습니다!" 하는 구슬 같은 목소리를 듣고 내 가슴속에는 감동이 물결치며 지나갔습니다.

"저 아름답고 따스한 손길처럼 우리의 어두운 곳을 비추어 밝고 따스한 곳으로 만들어 주었으면 얼마나 좋을까!" 하는 생각도 해보았습니다. 형! 지난날의 걱정과 근심은 묵은 을유년과 함께 다 떠나보내고 오는 병술년 새 아침에는 꿈과 희망이 넘치는 힘찬 출발을 하면 얼마나 좋을까 생각했습니다. 그러나 지금 나의 가슴은 무겁기만 합니다. 만나는 사람마다 나라 걱정이고 심지어 "이 나라가 어디로 가고 있으며 제대로 된 나라 구실을 할 수 있을까?"라는 소름끼치는 말도 내 귀에 들려옵니다.

K형! 우리나라가 무엇이 잘못되어 이 꼴로 되어가고 있습니까? 먼 옛날 역사는 차치하더라도 형과 내가 살아온 한 세기 백 년의 현대사를 되돌아보아도 고난에 찬 역사였습니다.

그렇지만 우리는 망국과 식민지로부터 나라를 되찾고 분단과 전쟁의 폐허로부터 일어나 산업화와 민주화를 이루어냈습니다. 그동안 우리가 한 표 한 표 찍어 민주주의를 제도화해서 민주주의를 이룩했고 한 푼 한 푼 모은 돈으로 세금을 내어 나라를 잘 다스려 밝고 아름다운 사회를 이루어 달라고 했고 피땀의 노력으로 선진대국의 문턱까지 경제를 일으켜 놓았습니다. 그런데 지금 왜 한민족이라는 공동체가 세계 속에서 살아남을 수 있겠느냐 하는 근본적인 물음까지 나오고 있고 지금 이 시간에도 나라 안은 용서할 줄도 타협할 줄도 모르며 네 탓 타령만 하는 극한 대립이 곳곳에서 일어나고 있으니 왜 이렇게까지 나라가 되었는지 형은 알고 있습니까?

지금 나는 답답한 마음으로 이 글을 쓰고 있습니다. 언제부터 우리 모두가 뿔뿔이 흩어진 모래알이 되었습니까? 이념의 대립, 지역 간 그리고 세대 간의 갈등, 노사 간의 분쟁, 심지어 교육에 대한 방향도 잡지 못하고 갈팡질팡하며 서로 네 탓만 하고 자기 이익만 고집하여 타협과 조화를 상실한 세상이 되었으니 이제는 공동체를 유지하기 위한 최소한의 희망조차 찾아보기 어려우니 앞날이 걱정됩니다.

K형! 나는 묻고 싶습니다. 이 정권은 대한민국의 국가와 국헌과 국민을 수호하는 데 기여하고 있는 것인가? 이 정권은 정치, 경제, 사회, 이념 등 다양한 차원에서 국민을 통합시키고 활력과 희망을 주는 데 기여했는가? 또한 이 정권은 경제 발전을 통해 고용기

회를 창출하여 국민복지와 국가경쟁력 향상에 기여했는가? 아무리 생각해도 "그렇다!"라고 답이 나오지 않습니다. 형! 지금 이 순간 나의 머리에는 미국 대통령을 지낸 인간 케네디가 떠오릅니다. 국민에게 희망과 용기를 주고 '엔돌핀'을 솟아나게 한 정치인을 말하라면 그 으뜸은 케네디입니다. 그는 여성들만 좋아했던 것이 아니고 남자들도 부러워했습니다. 그의 곁에는 기자와 카메라가 항상 쫓아 다녔습니다. 집이든 직장이든 휴양지든 그의 몸짓 자체가 모든 이들을 즐겁게 했고 입을 열면, 그 인기는 더해 갔습니다. 케네디를 볼 때마다, 그가 말하는 것을 들을 때마다 국민들은 흐뭇한 미소가 입가에 번지고, 희망과 용기가 솟고, '엔돌핀'이 돌았던 것입니다. 어느 예언가가 "신도 그의 인기를 질투해 그를 빨리 데려갔다"고 한 말도 생각납니다.

형! 나는 우리나라에 이러한 훌륭한 지도자나 정치인의 출현은 감히 바랄 수 없다 해도 최소한 신뢰만은 잔뜩 줄 수 있는 좋은 대통령이 나왔으면 하는 절실한 소망만은 가지고 있습니다. 그의 말 한 마디가 희망이 되고 그의 행동 하나하나가 믿음이 가는 그런 지도자가 우리 곁에 있다면 얼마나 좋겠습니까!

K형! 지금 나는 누구를 탓하려고 이 글을 쓰고 있는 것은 아닙니다. 올 한 해도 다 보내고 제야의 종소리를 들을 수 있는 긴 인생 역정을 신에게 감사하고 형이나 여러 벗들에게 잘못한 점이 있었다면 진심으로 고개 숙여 빌고 싶은 절실한 마음에서 이 글을 쓰고 있습니다. 지나간 세월 동안 나의 몸과 마음 속을 스쳐 간 수많은 사람들, 그중에는 잘난 사람도 있고, 못난 사람도 있었지만 지금 와 생각해 보니 모두 나에게는 소중한 사람들이었습니다. 그동안 잘난 척도 하고 큰 소리도 쳐봤던 못난 나를 받아주었던 여러 벗들에게도 감사를 드리고 싶습니다.

형! 불란서 화가 밀레의 그림 '만종'에 담긴 부부의 모습이 떠오릅니다. 가난한 부부가 아침 일찍 밭으로 나가 하루 종일 땀 흘려 일한 후, 집으로 돌아오는 저녁에 은은하게 울려 퍼지는 교회 종소리에 발걸음을 멈추고 두 손 모아 오늘을 무사히 마치게 한 신에게 감사기도를 드리고 있는 모습이야말로 인간 숭고의

한 장면이라고 생각합니다.

형! 언젠가 우리도 세월에 따라 가겠지만 지나간 수많은 그 세월에 신세 진 가지가지를 무엇으로 보답할까요? 을유년 한 해를 뒤로하고 동천에 붉은 태양이 솟아오르는 광경을 목도하면서 그동안 나의 곁을 스쳐간 여러 벗들에게 감사의 기도라도 하며 이 새해를 맞이할까 합니다. 앞으로 바람이 있다면 병술년 새 아침부터는 잘못이 있으면 용서를 빌고 이웃에게 감사할 줄 아는 훈훈한 우리 사회가 되었으면 얼마나 좋을까 생각합니다.

## 어제 오늘 그리고 내일

봄은 왔는데 봄 같지 않은 험한 날이 계속되더니 오늘은 피부를 스쳐가는 바람이 제법 상쾌하게 느껴지는 걸 보니 세월은 거역을 못하는 것이 하늘의 뜻인가 보다. 만물이 소생하고 생동하는 이 계절의 자연 속에 내 몸을 파묻고 이 봄을 찬미하고 싶은 충동이 나서 한강 둔치에 나가 넓고 푸른 강물을 보며 봄의 향기를 마음껏 마시며 한없이 사색에 잠기고 있는 나 자신을 발견한다.

저 물줄기를 거슬러 올라가면 첫 발원지는 깨끗하고 맑은 조그마한 물방울로 시작되어 그 물방울들이 모이고 모여 거대한 강을 이루는 것은 예나 지금이나 앞으로도 변함이 없으련만 지금의 이 물은 흘러 내려 오는 동안 인간에 의해 더렵혀지고 강줄기의 모습도 변하고 있으니 이는 자연의 조화인가? 인위인가? 그렇지 않으면 도깨비의 장난인가?

이 땅이 생겨나서 수억 년 흘러 내려온 강줄기 오백 년 조선의 도읍지인 서울을 가로질러 유유히 흘러 내려오면서 이 땅에 휘몰아쳤던 온갖 풍상을 지켜본 한강, 그 기나긴 세월 동안 이 나라에서 일어난 모든 것을 너는 보고 알고 있을 것이다! 무엇이 옳고 그른지, 어느 것이 자랑스러웠고 어느 것이 수치스러운지 너만은 정확히 알고 있을 것이다. 나는 이러한 상념에 잠기며 오늘의 세상을 생각해 본다. 오랫동안 푸른 제복의 군화소리로 나라 안이 시끄러웠고 쇠몽둥이로 사회 전체를 통제하던 도깨비들이 그 무게를 감당하지 못해 쓰러지고 그동안 애타게 바라던 문민정부가 세워지고 개혁의 칼날을 들어 신한국, 신경제의 신선한 선물을 주겠다고 다짐한 지 십여 년이 지나갔다.

묻노라 그간 '문민'과 '국민'을 내걸고 출범했던

정권은 무엇을 했으며 지금 참여를 내걸고 출범한 정권은 이년 여가 지났는데 우리에게 무엇을 심어 주었는가! 허구와 분열의 양상만 우리에게 보여주고 있지 않은가! 국토는 남북으로 양분된 지 오래고 지역감정은 동서로 갈라져 식을 줄 모르고 보수와 혁신으로 이념은 대립되었으며 여기에다 계층 간 세대 간의 갈등마저 심각해져 이 나라가 어디로 가고 있는지 걱정된다. 이렇게 민심을 한데 모으지 못하고 산산이 갈라놓은 현실에서 무엇을 어떻게 이루겠다는 것인가? 신통한 도깨비 방망이라도 갖고 있는가! 지금 정치권에서 상생의 정치를 하겠다니 얼마나 좋은 말인가. 또한 우리나라가 동북아의 중심이 되어 균형자 역할을 하겠다는 꿈같은 이야기도 들으니 과연 그렇게만 될 수 있다면 지금 내 눈에 들어오는 저 강물도 내 피부에 닿는 이 공기도 맑은 물 깨끗한 공기가 되어 우리가 마음껏 들여 마시고 먹을 수 있게 되는 것인가 생각하고 또 생각해 보아도 "그렇다"고 답이 나오지 않는다. 이 물의 근원은 맑고 깨끗한 것인데 이곳까지 흘러내려오는 동안 인간에 의해 마구 더럽혀져 본질이 변해 지금은 인간을 거부하고 있지 않은가! 깨끗한 공기 맑은 물을 마음껏 마시고 먹을 수도 없게 자연을 더럽혀 놓고서 우리가 추구하는 이상형의 세상은 바랄 수가 없다. 아무리 신통한 도깨비 방망이를 가졌다 해도 자연과 인간의 본질이 파괴되면 인간이 추구하는 세상은 오지 않을 것이다.

지금 우리나라의 여러 문제들을 해결하기 위해서 가장 먼저 해야 할 일은 말로 부르짖는 것이 능사가 아니라 산산이 흩어지고 갈기갈기 찢어진 민심을 한 곳으로 모으는 것이다. 이렇게 해야 나라 안은 물론 국제화의 도도히 흐르는 물결 속에서 국민이 합심해서 싸워 이겨 나갈 수 있다.

옛 성현聖賢의 말에 "나라가 잘 되기 위한 으뜸은 공신력公信力이다."라고 한 것이 새삼 생각난다. 오늘날 나라 안에 깊이 뿌리 박혀 만연한 불신풍조를 하루빨리 몰아내야 한다. 우리들은 물질만능과 향락에만 눈이 어두워 인간 본연의 순수성을 저버리고 있지 않은가! 상대방 위치에서 자기를 조명해 보고 남의 고통과 눈물을 자기 것과 같이 생각해 보는 인간성 회복人間性回復이 이루어져야 한다.

지금 우리들 앞에 다가오고 있는 개방화, 국제화의 거센 물결은 우리가 원하든 원치 않든 우리나라가 선진사회로 발돋움하고, 더 나아가 살아남기 위해서도 반드시 헤쳐 나가야 할 당면 과제이다. 우리는 이 경쟁에서 반드시 이겨야만 한다. 그래야 우리나라도 선진국 대열에 서게 되고 우리자신은 물론이고 후손들에게도 생존과 번영을 기할 수 있다. 이 시점에서 우리가 해야 할 일은 연일 떠들썩하게 말의 잔치만 늘어놓지 말고 싸움만 할 것이 아니라 대타협의 슬기로움을 보여 국민에게 감명을 주는 큰길을 찾아야 한다.

첫째로 우리는 민족적 긍지와 자신감을 갖는 용기 있는 국민이 되자.

다음으로는 조화를 이룰 줄 아는 슬기로운 국민이 되어야 한다. 위정자와 백성과의 조화, 도시와 농촌과의 조화, 생산과 소비와의 조화, 빈부의 조화 등을 생각할 수 있다. 민주화라는 것도 온 국민의 조화를 말하는 것이고 개방화, 국제화도 우리의 새 지표가 됐는데 이것도 결국 우리가 세계 속으로 뛰어 들어가 국제사회에 통용되는 규칙을 존중하며 그 속에서 서로 경쟁하고 살면서 인류의 발전에 기여하는 것도 조화의 과제다. 이는 인간과 인간은 서로 더불어 살아가야 한다는 천칙天則이다. 더 나아가 자연과 인간은 밀접한 상관관계가 있음을 알고 인간이 자연과 어떻게 조화를 잘 이루느냐가 큰 과제이다. 자연을 지나치게 더럽히고 서로를 불신하는 풍토에서는 조화를 이룰 수 없다. 기쁨을 함께하고 슬픔도 나눌 줄 아는 인간 순수성을 되찾아 서로를 신뢰하는 인간성 회복의 자기 혁신을 해야 한다.

지금 내가 들여 마시는 공기가 깨끗하고 내 눈에 들어오는 이 강물이 맑아지는 내일을 생각하고 훈훈한 인간미가 넘치며 서로가 조화를 잘 이루고 있는 내일의 조국을 그려보며 세계 속에서 빛나는 자랑스러운 내 겨레 내 나라를 꿈꾸며 이 글을 쓴다.

## 황혼의 뒤안길을 걷고 있는 텅 빈 나의 마음

이 텅 빈 나의 마음을 무엇으로 채울까요? 그리고 이 빈 나의 '노트'에는 무엇을 쓸까요?

그것은 명예일까? 돈일까? 또는 권력일까? 아무리 생각해 보아도 그것들은 아니다. 그러면 네 꿈은 무엇이었느냐고 묻는다면 얼른 대답이 나오지 않는다. 돈, 명예, 권력은 우리 인간이 원하는 것을 얻기 위한 수단은 될지 모르지만 목적이 될 수는 없다. 우리는 이러한 수단만을 추구하며 살아갈 수는 없다. 하기야 꿈도 잃고 희망도 저버리고 욕망만 가지고 살아야만 돈도 벌고 출세도 하고 명예도 얻을 수 있는 세상인지도 모르지만 내가 꿈꾸어 온 삶은 어디까지나 평화롭고 자유로운 삶이다. 나의 빈 '노트'에는 평화롭고 자유롭고 아름다운 인생으로 가득 채우고 싶다.

어김없이 일 년에 한 번 정도는 와보는 고향 길을 걸어간다. 새삼스럽게 걸어보는 길도 아닌데 나이 팔십이 넘어서 와보는 길이어서인지 이번 길에는 유난히도 나의 가슴이 벅차오르는 것이 아닌가!

옛날에는 흙바닥에 한적한 길이었는데 지금은 포장된 넓은 길을 미풍에 하얀 머리카락을 날리며 터벅터벅 걸어가고 있는 나의 입술에서 "허어"하는 소리가 절로 나온다. 이곳도 이렇게 발전해서 변해 가는데 그동안 나는 무엇을 했고 어떻게 살아왔나 하는 생각과 더불어 지난날의 추억들이 주마등처럼 스쳐 지나가고 있다. 어느덧 고향 양쪽 마을의 집들을 내려다볼 수 있는 중앙 마루턱에 이르러 발을 멈추었다. 이곳은 나의 피와 땀이 배어 있는 곳이 아닌가! 그 피와 땀 냄새가 풍겨 나오는 듯한 착각 속에 파묻혀 길게 숨을 내뿜었다. 바로 이곳에 터를 장만해서 공회당公會堂을 짓고 운동장도 닦아 동네사람들이 협동정신을 키워나갈 수 있는 장소로 만들었다.

슬픔과 압제에서 해방되어 나라를 되찾은 60년 전, 이십대 초반의 젊은 몸으로 고향땅에 와서 이곳 농촌 사람들 앞에서 처음으로 한 말이 "아름다운 우리 고장, 잘 살 수 있는 우리 농촌을 이제는 여러분이 합심해서 살려 나가야 한다"는 것이다. 그때 이 말을 한 것은 내가 잘나서 한 말은 결코 아니다. 그렇다고 낙후된 우리나라 농촌을 살리기 위한 좋은 방법이나 계책이 있어서도 아니었다. 다만 그때 그곳에 모여 있는 농민들의 찌든 얼굴에서 한 맺힌 뜨거운 눈빛을 보았기 때문이다. 여태껏 압제와 가난에 시달리며 살아왔던 저들이 아니었나? 이제는 나라를 되찾았다는 기쁨으로 가득 차 앞으로 잘 살 수 있다는 희망에 부풀어 자기들의 파랑새가 어디 있나 절실히 찾고 있는 사람들에게 희망을 주지 않을 수 없어 한 말이었다.

그 후 고향에 내려와 정착하고 이 공회당에서 배우지 못한 사람들을 모아 야학도 하고 때로는 이곳 마당에 젊은이들을 모아 함께 뛰어 놀며 협동과 단결심, 애국심을 심어주고자 했다. 세월이 흘러 이곳에 지금은 창고와 경로당도 있고 전천후로 이용할 수 있는 체육시설도 있는 것이 아닌가! 나는 이곳 모습을 보고 "참 많이 변했구나!" 하는 감탄의 소리가 절로 나오며, 젊은 시절 나의 땀과 손짓 하나하나가 스쳐 간 그 옛날의 모습과 십여 년 간 이 곳에서 고향 농촌사람들과 어울려 살았던 그 시절을 되돌아보는 것이다.

흉년이 들면 가난한 이웃들이 자존심 상하지 않고 곡식을 퍼 가도록 뒤주 밑에 구멍을 뚫어 곡식이 흘러내려가도록 했다는 옛사람들의 멋과 여유가 그리웠고, 추수할 때 일부러 이삭을 떨어뜨려 어려운 사람들이 그 이삭을 주워가게 했다는 밀레의 '이삭 줍는 여인들' 을 연상하며 '내가 뿌린 씨앗이 헛되지는 않았구나!' 하는 감상에 사로잡혔다.

그 당시 나와 손잡고 뜻도 같이 했고 고생도 함께 한 여러 벗들에게 세월이 지난 지금에야 고맙다는 말 한 마디라도 남기고 싶다. 이런 저런 상념에서 깨어나 고개를 드니 서쪽 산등성이로 넘어가는 태양이 보인다. 저녁노을 속으로 저물어가는 붉은 태양을 붙들 수는 없지만 그 신비한 모습만은 나의 머리에 그림으로라도 남기고 싶은 야릇한 생각에 잠기는 나를 발견한다.

이곳은 나의 선조先祖 여러 대가 살던 곳이며 내가 태어나 성장했고 삶의 터전도 마련했고 사상의 갈등과 동족상쟁의 비극도 겪은 곳이다. 그 과정에서 인생이 무엇이냐를 어설프게나마 깨닫기 시작한 곳이다. 특히 나를 오늘까지 힘차게 있게끔 한 생의 반려자인 아내를 처음 만났던 곳이 바로 이곳이다.

"당신 집 안방 초롱불 밑에서 당신을 처음 만난 지 벌써 60년이라는 세월이 흘렀소. 당신은 나의 인생이자 열정, 그리고 삶의 원동력이었소." 이 한 마디 말로 못난 남편에게 불평 한 마디도 없이 묵묵히 나의 뜻에 따라주었고 정성을 다해 오늘날까지 나를 보살펴 준 아내에게 고마움을 대신하여 이 '노트'에 기록을 남기는 것이다.

나는 생각한다. 그리고 나는 무엇이냐를 더듬어 본다. 여기에서 나는 지금 존재하고 있다는 사실을 깨닫는 것이다. 세상에서 가장 소중한 선물은 바로 지금이다. 지난 세월은 어떻든 앞날은 예측할 수는 없지만 지금 내가 존재하지 않으면 아무 의미도 없지 않은가? 그러니 지금 자기가 살아 존재하고 있다는 사실은 자기에게 주어진 가장 소중한 선물임을 깨달아야 한다.

존재하는 이 순간 더 행복해지고 싶다면 옳은 일에 진정으로 집중하는 것, 그게 바로 행복이다. 어찌 보면 너무나 단순해서 별것도 아닌 사실이 내가 현재를 사는 가장 큰 빛이고 선물이며 길이 되어준다는 것을 여태껏 터득하지 못했는지 모를 일이다. 어쩌면 그것을 세월 따라 흐르는 물처럼 무심결에 흘려보내지 않았나 생각된다. 지난 날 슬픔과 괴로움은 저 흐르는 강물에 다 떠내려 보내고 기쁨과 즐거움은 바람 따라 떠다니는 저 하늘의 구름이 되어 생각날 때면 내 머리 위로 돌아와 다오. 그래야만 쓸쓸히 걸어가는 나의 길동무도 되고 허전한 내 마음도 달래주지 않겠느냐!

이 풍진 세상을 살다보니 세상사가 그리 쉬운 것은 아니었다. 긴 세월을 보내는 동안 이루어 놓은 것은 없어도 아직도 꿈은 있는지 후회는 않는다. 그동안 살아온 흔적을 남기고자 자서전 『회상回想』도 내놓았고 세상을 보는 그때그때의 나의 생각들을 수록한 『수필선隨筆選』도 발표했다. 되돌아오는 메아리는 별로 없었으나 후회해 본 적은 없다. 지금도 나의 마음속에 품고 있는 이런저런 생각들을 이 '노트'에 채우고 있지 않은가!

어느 철인이 말했다. "나는 생각한다, 그러므로 나는 존재한다."라는 합리주의와 이성의 철학이 우리들에게는 있는 것인가? 또는 없는 것인가? 사랑과 양보와 대타협을 이루어서 감동의 환호소리를 높이 소리쳐 보자고 요구하는 것은 지나친 것일까? 그렇지만 밤낮으로 대립과 갈등으로 으르렁대는 험한 사태만은 없었으면 좋겠다. 상식이 통하고 법과 원칙이 지켜지며 열심히 일하면 누구나 잘 살게 되는 평범한 사회를 원한다. 이런 사회에서 사는 것이 내가 꿈꾸어 온 평화롭고 자유로운 삶인지도 모르겠다.

아! 버려야 한다. 모든 것을 버려야 한다. 그래야만 얻을 수 있다. 돈도 명예도 다 버려야 한다. 그래야 자신도 찾고 행복도 찾을 수 있다. 생명은 아름다운 것, 태어남과 죽음 사이에 걸쳐 있는 그 자체가 진실이면 더욱 아름다운 것이다. 그래서 이 빈 '노트'에 아름다운 생명의 노래를 꼭꼭 적어 놓는 뜻이 있는 것이다.

## 60년 전 광복의 그 감격으로 돌아가 나라를 다시 세운다는 각오를 하자

1945년 8월 15일, 해방되어 60년이라는 세월이 흘렀다. 나라를 빼앗겨 암울하고 슬펐던 시대는 막을 내렸고 이 땅에 새 나라, 새 정부를 세운다는 설렘과 감격에 넘쳐 너 나 할 것 없이 온 민족이 기뻐하며 이제부터는 꿈과 희망만이 우리 앞에 있을 뿐이라고 눈물을 흘리며 좋아했던 우리들이었다. 그 후 우여곡절은 있었지만 건국에 몸 바쳤고 민주국가의 기틀을 다져 갔으며 유지, 발전에 몸 바쳐 왔던 우리들이 아니었던가! 광복이라는 벅찬 시대를 직접 겪었던 젊었던 세대들도 가는 세월은 거역하지 못하는 것이 하늘의 뜻인지 지금은 인생의 종착역에 와 있다.

나는 지난 육십 년 동안 일어났던 나라 안의 여러 일들을 감동과 울분이 어우러진 격한 마음으로 되돌아보며 지금의 나라 현실이 걱정되고 앞으로 이 나라가 어디로 갈 것인가 하는 노파심이 생겨 이 글을 쓰고 있다.

지금으로부터 백여 년 전, 조선 말엽 나라 안이 대원군과 민비의 세력 다툼과 개화냐, 수구냐의 소용돌이 속에서 분열과 혼란만이 계속되는 틈을 타서 주변 강대국들이 우리나라에 들어와 세력 확장의 각축전이 전개되었다. 그 와중에 1905년 일본과 치욕스러운 '을사보호조약'이 체결되고 마침내 일본에게 나라를 빼앗긴 슬픈 역사를 잊어서는 안 된다. 그 후 삼십육 년을 나라 잃은 못난 민족으로 치욕의 생을 이어 왔었다.

60년 전 제2차 세계대전이 연합국의 승리로 끝나 패전국이 된 일본은 이 땅에서 물러갔으나 승자인 미국과 소련에 의해 그들의 이해관계의 소산으로 우리 민족이 원치 않은 방향으로 국토는 양분되어 꿈에도 그리던 단일민족의 통일된 국가를 이룰 수 없는 슬픈 역사의 산물을 받아들일 수밖에 없었다. 국토가 갈라지고 남과 북이 서로 다른 질서 위에서 이념이 다른 두 나라가 된 것은 결코 우리가 원해서가 아니라 약한 우리나라가 강한 나라의 제물이 되었기 때문임을 알아야 한다.

우리 민족은 이런 어찌할 수 없는 현실에서 남쪽은 남쪽대로 북쪽은 북쪽대로 세계관과 이념이 상이한 질서 위에서 각기 다른 나라를 세웠던 것이다. 그로부터 남과 북으로 갈라진 민족 비극의 역사가 시작되어 지금까지 오고 있다. 나는 희망했다. 비록 남북으로 두 나라가 탄생했지만 탄탄한 독립국가가 되고 위정자는 국리민복을 최우선 통치철학으로 하고 부강한 나라가 되어 국제 사회의 떳떳한 일원이 되어주기를 간절히 희망했다.

과연 지금 그렇게 되었는가? "그렇다"고 얼른 대답이 나오지 않음을 안타깝게 생각하며, 지금 또다시 호소한다. 나날이 복잡해지는 국제 사회에서 국리민복을 위한 통치철학은 과연 무엇이며 미래를 향한 비전과 메시지를 던져 달라고!

이제부터 남과 북은 적대관계를 벗어나 선린관계를 유지해가며 통일의 위업을 이룰 수 있는 그날을 위해 최선을 다한다는 생각을 가져야 하며, 부강한 나라로 가는 길만이 통일을 앞당길 수 있는 길이며, 역사의 흐름과 국제적인 변화를 예의주시하고 슬기롭게 대처해 나가야만 된다. 육십 년을 기다려 왔는데 조급하게 생각하지 말자. 어차피 우리들의 힘만으로는 이루기 어려운 문제가 있지 않은가!

1948년 드디어 이 땅에 대한민국을 수립하고 대한민국은 민주국가로 탄생했다. 나라의 기본법인 헌법 전문에 '유구한 역사와 전통에 빛나는 우리 대한민국은……' 으로 시작하여 건국의 이념을 말했고, '동포애로서 민족의 단결을 공고히 하고…… 폐습과 불의를 타파하며, 자율과 조화를 바탕으로 자유민주의 기본질서를 확고히 하여…… 책임과 의무를 완수하게' 한다는 헌법 정신을 밝혔다. 그 제1조 제①항에는 '대한민국은 민주 공화국이다' 제②항은 '대한민국의 주권은 국민에게 있고 모든 권력은 국민으로부터 나온다' 하여 나라의 국시로 명기했다. 지금 너 나

할 것 없이 온 국민이 과연 나라의 헌법 정신을 이어받고 이 국시에 어긋남이 없이 생활하고 행동하고 있는가?

건국 초 이승만 대통령의 제1공화국으로 시작해서 그간 여러 정권을 거쳐 참여정부가 들어서 오늘에 이르렀다. 그러나 지금 우리 모두의 마음은 무겁기만 하다. 만나는 사람마다 나라 걱정이다. 이 나라가 앞으로 어디로 갈 것이며 제대로 된 나라 구실을 할 수 있겠느냐 하는 걱정의 소리도 들려온다. '어찌하다 나라가 이 모양이 되었느냐' 하는 한탄하는 소리도 이곳저곳에서 나온다. 겉으로 보기에는 화려한 면도 있지만 속으로 들어갈수록 썩었다고 한다. 이 지경이 된 것을 누구를 탓해야 하나! 위정자들인가? 그렇지 않으면 국민 탓인가? 그렇지 않다고 부인할 수만은 없다. 이것이 다 우리 국민이 못나서 그렇다.

용서할 줄도 모르고 타협할 줄도 모르면서 잘못이 있어도 책임지는 자도 없이 '네 탓' 타령만 하고 있다. 정치인, 기업인, 노동단체, 교육계, 시민단체, 심지어 대통령조차 자기 목소리 내기에만 급급해 타협과 조화를 이루어 나가야 하는 공동체라는 것을 잊은 채 '내 탓' 은 없고 모두 '네 탓' 이라는 공방에만 열중하고 있다. 이렇게 되어서야 나라꼴이 잘 될 수 있을지 묻고 싶다.

이제부터는 일을 해야 한다. 국정을 차근차근 챙겨야만 된다. 우리 공동체를 살리기 위한 방법이 무엇인지 고민하고 실현하는 데 전념해야 한다. 지금 주변 국가들은 성장에 성장을 거듭하고 있는 동안 우리는 안에서 치고받고 싸우느라 세월을 다 보내고 있지 않았는가? 무슨 '이데올로기' 니 무슨 '주의' 니 하는 것에 매달리는 헛되고 소모적인 싸움은 이제 멈추고 오직 경제성장을 최우선으로 하는 실용주의와 무엇이 공동체에 이익이 되며 그러기 위해서는 어떤 프로그램이 필요한가에 초점이 모아진 메시지를 국민에게 명확히 던져주어야 한다.

지금 이 시간에도 국민들 알게 모르게 북핵 문제를 다루는 6자회담이 중국 북경에서 열려 논의에 논의가 계속되고 있다.

북핵 문제는 우리가 원하는 방향으로 해결될 것이

라 보기도 어렵고, 그렇다고 북한이 요구하고 바라는 방향으로 성사될 것이라고 보기도 어려운 문제이다. 단 주변국들의 이해관계와 힘의 논리로 어느 방향이든 결론은 내려질 것으로 본다. 북핵 문제가 어떻게 결론이 나든 우리나라로선 중대한 국면을 맞이할 것이다. 이 국면에 대처할 치밀한 계획과 옳은 대책을 마련해 놓아야 한다. 북핵 문제야말로 대한민국의 앞날이 달려 있는 문제이기 때문이다.

지금이야말로 우리나라는 국내외로 중대한 국면에 놓여 있다. 우리 모두 나라의 앞날을 함께 걱정하자! 이렇게 주저앉을 수는 없지 않은가. 다시 한번 다 같이 일어서서 떳떳한 나라, 긍지를 느끼는 나라, 잘 사는 나라를 만들어 후손들에게 넘겨주자!

참여 민주주의의 꿈, 2만 달러 소득의 꿈, 통일의 꿈, 권력구조를 바꾸어 보자는 생각, 모두 좋다. 하지만 이것들이 뿌리내릴 곳은 다름 아닌 대한민국 헌법이고 철저한 시장 경제 원리며 대한민국의 정통성을 긍정하는 자유 민주체제이다. 이런 대한민국의 근본 핵심가치 위에서 그 모든 꿈들이 뿌리를 내려야 한다. 우리는 언제부터인가 이 핵심가치를 소홀히 하고 우리나라의 국시마저도 외면하고 천대해 왔다. 이래가지고는 나라꼴이 안 된다. 이제부터 국민 모두가 국가의 기본법인 헌법의 정신에 따라 법을 존중하고 책임과 의무를 다하는 성숙한 민주시민이 되어야 한다.

지금 우리는 너무 많은 것을 요구하고 있다. 민주주의 쟁취를 위해 피 흘린 것만 민주주의의 대가인 것은 아니다. 민주주의의 육성과 수호를 위해 치러야 할 희생도 대가다. 아무리 목적이 신성하고 좋아도 위정자의 자의대로 되지 않는 것 또한 전제주의와 다른 민주주의의 묘다. 이제 민주주의의 교과서로 돌아가야 된다. 이렇게 되어야 미래를 향한 다양한 꿈들을 이룰 수 있는 길이 생긴다. 이것만이 알알이 흩어진 민심을 한데 모으고 혼돈도 막고 보다 나은 미래를 보장할 수 있다.

지도자와 국민이 혼연일체가 되어 흩어진 민심을 한 곳으로 모아 60년 전 광복의 그 감격으로 돌아가 나라를 다시 세운다는 각오를 하자!

# 잃어버린 세월

내가 세월을 잃어버린 것인가! 아니면 세월이 나를 잃어버린 것인가! 시간은 흐르고 흘러 인생 팔십의 중반에 들어섰다. 그 긴 세월 동안 "너는 무엇을 얻었고 무엇을 잃었느냐!"라고 물으면 얼른 대답이 나오지 않는다. 허공에 두 손을 들어 잡힐 듯 잡히지 않는 뜬구름 같으니 이것은 한낮 꿈인가 보다.

"가는 세월 그 누가 잡을 수가 있나요! 흘러가는 시냇물을 막을 수가 있나요! 아기들이 자라서 어른이 되듯이 슬픔과 행복 속에 우리도 변했구려! 하지만 이것만은 변할 수가 없어요. 새들이 저 하늘을 날아가듯이 달이 가고 해가 가도 산천초목 다 바뀌어도 이 내 몸이 흙이 되어도 내 마음은 영원하리."

가수 '서유석' 이 부른 '가는 세월' 을 콧노래로 흥얼대며 내가 태어나고 자란 고향 땅을 걸어 본다. 그동안 산천은 많이 변했지만, 그때 그 시절의 흔적이 남아있어 추억의 세상 속으로 나를 파묻히게 만든다. 피곤한 몸을 푸른 잔디 위에 던져 풀밭에 누워 머리 위를 지나가는 뜬구름을 바라보니 '인생은 무엇인가?' 라는 풀지 못할 생각에 잠겨 본다.

그 옛날 지겟다리를 두들겨 가며 장단에 맞춰 논두렁을 걸으면서 콧노래도 불렀고 어떤 때는 세상사를 그려도 보았던 젊은 시절도 있었지만, 지금 아득한 옛 추억으로만 넘겨버리기엔 너무도 아쉬움이 남는다. 그래도 그때 그 시절 거나하게 취한 이 내 마음 속에는 나라를 잃은 암울한 시기였지만, 어떻게 사는 것이 옳은 것인가? 고민도 했고 나름대로 올바르게 살아야겠다는 마음가짐을 갖고 있었다. 어느 선인이 말한 것처럼 "비겁한 자는 천 번 죽지만, 용감한 자는 한번 죽을 뿐이다." 이 말이 그때 나의 마음 속에 싹트기 시작해 지금도 새겨져 있다.

비록 나는 늙고 검은 머리는 흰 머리로 변했지만, 짚베개를 베고 누워 그 옛날 흙에 파묻혀 살던 그 시절을 생각하니 이것이 꿈은 아닌가 생각된다. 내 머리 위를 지나가는 저 구름아 너는 "내 마음을 알고 있느냐"라고 외쳐본다. 높고 맑은 하늘을 쳐다보면 내가 걸어온 발자취를 하나하나 되새겨 주는 듯 아롱대며 기억 속에서 스쳐가고 있다.

옛 선현들은 우리 인간에게 사랑과 봉사의 정신을 가르쳐 주었다. 나는 지금껏 살아오는 동안 이웃이 나에게 베푼 사랑과 봉사의 혜택을 얼마나 많이 받았는지 알고 있으며 고마운 마음으로 살고 있다. 언젠가 나도 세월 따라 가겠지만, 지난 세월에 신세진 가지가지를 무엇으로 보답할까!

나는 생각한다. 나는 무엇이냐를 더듬어 본다. 여기에서 나는 존재存在하고 있다는 사실을 깨닫는 것이다. 세상에서 가장 소중한 선물은 바로 지금이다.

지난 세월은 어떻든 앞날은 예측할 수는 없지만, 지금 내가 존재하지 않으면 아무 의미도 없는 것이다. 지금 자기가 살아 존재하고 있다는 이 사실은 자기에게 주어진 가장 소중한 선물이다. 그러니 귀중한 이 시간에 값지고 뜻있게 보내는 것이 행복을 얻을 수 있음을 명심해야 한다.

그렇다. 우리는 나라를 잃었다 되찾은 지 육십이 년이라는 세월이 흘렀다. 그동안 우리 국민은 무엇을 찾았고 잃어버린 것은 무엇이냐고 묻고 싶다. 분단된 국토에서 상쟁의 전화를 겪었고 군사정권을 거치며 산업화의 고된 시기와 민주화와 진보 정권 십 년을 살아온 세월 속에서 무엇을 얻었고 또한 무엇을 잃었는지 생각해야 한다. 이제부터는 지난 세월의 체험을 교훈 삼아 우리 공동체가 추구해야 할 가치는 무엇인지 미래를 위해 어떤 '리더십'을 선택할 것인지를 신중하게 생각해야 한다. 이런 생각이 모여 과도기의 갈등과 혼란에서 벗어나 밝은 미래를 준비하는 데 힘을 모아야 한다.

모든 국민이 더불어 잘 사는 균형 잡힌 사회, 이것이 진보의 본뜻이자 민주주의의 극적인 목표다. 또 국민이 다 건강하고 안정된 삶을 누리고 질병과 노후의 불안이 없고 자라나는 아이들 누구에게나 교육의 기회가 공평하게 열려 있는 경쟁력 있는 복지국가 건설이 희망 한국의 미래다. 국가 살림을 잘해서 성장의 과실이 모두에게 골고루 돌아가도록 하는 것은 진보나 보수의 문제가 아니라 정치의 본질이다. 푼돈이나 나누어 주는 선심성 복지가 아니라 일하는 복지 누구나 원하는 일자리를 구하고 보람이 있고 성심껏 노력하는 그런 사회를 원한다.

이러한 사회를 이루기 위해서는 좋은 제도, 훌륭한 지도자, 바른 국민이 삼위일체가 되어 야 한다.

제도가 중요한가, 사람이 중요한가의 문제는 끝없는 토론의 대상이다. 제도를 중요시 하는 사람은 제도만 바꾸면 문제가 해결될 것으로 생각하지만 반면, 사람이 더 중요하다고 믿는 사람도 있다. 혼탁하고 부패한 사회를 바꾸려면 구성원 모두를 도덕적 인간으로 만들면 된다. 그러나 현실 세계에서 그것은 불가능하다. 사람이냐 제도냐의 양론은 오랜 세월 동안 사회학자들의 논쟁이었고 지금도 논쟁 중이다. 여기에서 빼놓을 수 없는 것이 있다. 그 운영은 사람에 의해 이루어진다는 것이다.

공자는 "국가, 사회가 잘되기 위해서는 공신력이 으뜸이다"라고 말했다. 이것은 '인간의 진정성이 없으면 아무런 의미를 찾을 수 없다' 라는 교훈을 남겨준 말이다. 아무리 좋은 말을 해도 신뢰와 희망을 주지 못하면 그의 실천이 따르지 못한다.

이제 우리에게는 제도와 인간을 어떻게 잘 조화를 이룰 것인가 하는 과제가 있다.

지금 우리나라는 국내외로 매우 어려운 시기에 놓여있다. 나라가 어려울수록 국민이 정신 차려야 한다. 대선을 앞두고 우후죽순처럼 나오는 자칭 정치지도자들을 쳐다봐야 해결책은 나오지 않는다.

이 나라의 앞날은 국민이 끌고 가겠다는 각오를 해야 한다. 우리는 보릿고개를 걱정하던 경제를 세계 10위권으로 성장시킨 저력을 가진 국민이다. 4·19혁명과 6·29선언으로 민주주의 토대를 굳건히 지킨 시민이다. 정치권이 혼탁하고 낡은 정쟁의 틀을 벗어나지 못해도 미래를 보고 묵묵히 걸어와 오늘에 이른 것이 우리 국민의 힘이다.

이제는 민주주의를 한 단계 더 높이고 안정된 질서

속에서 경제성장을 이룰 수 있는 새 지도자를 제대로 선택해야 한다.

제3장

# 자연 속에서 칠순을 맞은 나의 마음

## 崔甲龍 형에게
경상남도 고성군 하이면

형! 며칠 전에 전화로 나의 뜻은 대충 말했지만 그래도 서신으로 말씀을 드리는 것이 도리이고 상세하게 전할 수 있어 붓을 들었습니다. 우리가 칠십 년이라는 세월을 살아오는 동안 누구나 각양각색의 우여곡절과 희로애락을 겪으며 어려웠던 세파 속에서 살아왔다고 말하지 않을 수 없습니다. 이런 와중에도 유달리 형만은 고향 땅을 꾸준히 지키며 살아온 많지 않은 분 중 한 분입니다. 형은 우리나라 맨 남단 삼천포에서 행세하는 넉넉한 집안에서 태어나 곱게 자라 십대 초반에 떠나면 서울로 왔지요. 그 당시만 해도 형이나 나는 선택받은 사람이었지요. 어디 시골에서 서울로 와 공부한다는 것이 쉬운 일입니까?

청운의 꿈을 품고 서울에 와서 중앙학교에 입학하여 우리가 만난 것이 첫 인연이었습니다. 그러니까 육십 년 전 일입니다. 그때 우리 또래는 소위 신식공부를 마치고 고향 땅으로 되돌아가 파묻혀 생을 보내겠다고 생각한 사람은 한 명도 없었다고 생각합니다.

우리가 스물을 갓 넘겼을 때 다행히 해방이 되어 건국 초기에 국민 각자의 역량을 발휘할 터전도 넓어졌고 입신할 곳도 많아져서 이리도 가고 저리로도 자리 잡으며 뛰어다닐 때 유독 형만은 고향 땅에서 이런 저런 유혹도 있었겠지만 선대의 유산을 굳건히 지키며 지금까지 변함없이 살아온 보기 드문 분이라고 감탄하고 있습니다. 그래서 형 생각이 떠올라 형 계신 근처에 비록 쓸모없는 몸이지만 잠시 의지해 볼 만한 곳이 없나 부탁드렸던 것입니다.

계해 생이니 내 나이 칠십입니다. 생일이 늦어 음력 십이월 구일 그러니 두 달 남짓 남았습니다. 칠순이 되었다고 자식들이 이러쿵저러쿵 말들이 있어 그날을 피해 어디 조용한 곳에 파묻혀있다 오겠다는 것이 첫째 이유입니다. 회갑도 못해 드렸으니 칠순만은 꼭 해야겠다는 둥, 정 그것이 싫으면 우리 내외 외국에 나가 얼마동안 구경을 하든지 쉬었다 돌아오라는 것입니다.

아이들 말이 여러모로 옳다고는 생각됩니다. 그 뜻에 따라주는 것도 좋다고는 생각됩니다만, 나이 먹는 것도 억울한데 무엇이 기쁘다고 그날 유달리 자식들을 앞에 놓고 음식을 차려먹는 것도 부질없는 일, 그것은 어느 때고 할 수 있는 것 아닙니까?

형, 웃지 마시오. 나는 워낙 못나서 지금껏 외국 땅을 한 번도 밟아보지 못했습니다. 그렇다고 지금 새삼스럽게 외국에 가보고 싶은 생각은 조금도 없습니다. 외국에 한 번도 가보지 않은 사람을 찾아보기 힘들 정도로 많은 사람들이 외국을 다녀왔습니다. 참 우리나라도 부자 나라가 됐습니다.

외국 땅을 한 번이라도 가보지 못한 사람은 사람 축에도 끼지 못할 정도입니다. 그러나 나는 끝까지 못난 바보가 되겠습니다. 나만이라도 이 땅에서 내 땅만을 밟다 생을 마치고 싶습니다.

둘째 이유는, 어느 한 순간만이라도 신앙 속에 푹 파묻혀보고 싶은 생각을 가져왔습니다.

저는 평소 누구에게나 신앙을 갖는 것이 좋다고 말을 합니다. 어느 특정 종교를 지칭하지는 않습니다만, 인간은 누구에게나 자기 스스로의 힘만으로는 풀 수 없는 어려운 문제, 괴로울 때 슬플 때가 있습니다. 이럴 때 꽉 붙들 수 있는 그 무엇이 있다면 그것이 바로 신앙이며 믿음이라고 생각합니다. 이번 기회에 칠십이라는 생의 끝부분을 넘기며 조용히 눈을 감고 지나온 생을 돌이켜보고 '때 묻고 더러워진 심신을 조금이라도 씻을 수만 있다면' 하는 건방진 생각도 있습니다.

셋째는, 십년 전 형도 나의 자서전 『회상』을 읽으시고 과찬을 보냈습니다. 심지어 자식에게도 읽어보라 하셨고 동네 마실 청에도 돌려가며 보라고 하였다며 책이 이제는 다 되었다는 말을 듣고 보잘 것 없는 글이지만 책을 낸 보람을 찾았습니다. 그 후 어언 십년이 흘러갔습니다. 그동안 붓도 별로 들어보지 않았고 글재주도 없어 펜을 던져버리다시피 지내왔습니다. 때로는 가슴이 터지는 듯한 울분도 있었고 어느 때는 독백도 해 본 흔적을 적어놓은 것도 있고 해서 이번에 조용히 머릿속에 다시 떠오르는 것이 있으면 재주는 없지만 붓도 들어볼까 합니다. 건방진 말입니다만, 내 겨레에게, 이 나라 지도자들에게, 후대 젊은이에게 하고 싶은 말을 다 할 수만 있다면 이 세상에 왔다 갔다는 흔적도 남고 보람도 있다고 생각합니다.

이런 저의 심정을 헤아려주시고 제가 가 있을 만한 마땅한 곳이 있나 알아봐 주십시오.

때가 소한, 대한 머리 제일 추울 때가 되어 어느 정도의 고행은 각오합니다만, 환경이 바뀌고 늙은 나의 체력이 감당할까 걱정도 됩니다. 이런 것까지도 형이 참작하여 선처해 주십시오. 형에게 어려운 부탁드린 것을 넓게 받아주시고 댁내 건강하시고 안녕들 하시길 빕니다.

1992년 11월 10일

## 스님과의 대화

자기 잘난 척하고 여태껏 살아온 나였다. 너도 나쁘고 또 다른 한쪽 너도 나쁘다는 양비론, 이쪽도 싫고 저쪽도 싫은 양비일 때는 어김없이 양 쪽 모두가 적이 되면서도 반대로 이쪽도 옳고 저쪽도 옳고 너도 좋고 또 다른 한쪽 너도 좋다는 양시일 때도 모두가 벗이 되어 주지는 않았다. 그러다가 스스로를 꾸짖으며 새로운 기대로 찾아 나선 곳이 자연이었다.

사람들의 세상사 시빗거리에 끼어들고 싶지도 않고 끼어들 필요도 없고 어느 편도 들 생각도 없고 들 곳도 없어 찾아온 곳이 이 산사의 암자다.

이곳에 와서 먼저 찾은 사람은 이곳 제일 어른이

다. '주지' 라고 불리는 줄 알았는데 '큰스님' 이라 호칭한다는 것을 처음 알았다.(정영 큰스님)

첫 수인사를 나누고 나의 첫마디가

"저는 계해 생입니다."

"그러세요. 저도 계해 생인데요."

"아! 동갑이군요. 살아오는 동안 곤경깨나 많이 겪었겠습니다." 동갑이라는 말에 친근감이 든다.

"많이 겪어 보았지요."

"우리 또래는 여러 세상을 보고 겪으며 살아왔지요. 일본치하도 인민공화국 세상에도, 그러고 보니 세 나라의 백성 노릇을 한 것입니다." 우리 두 사람은 '허허' 웃어 본다. 웃음을 그친 스님은,

"어디 그뿐입니까. 미 · 일 전쟁, 6 · 25전란도 겪어 보지 않았습니까?"

"그러고 보니 저나 큰스님이나 오래 산 것 아닙니까. 어디 그뿐입니까. 해방을 만났지요. 그 후 바로 우리 국토와 민족을 두 쪽으로 갈라놓은 삼팔선이 생겼고 동족상쟁의 난리로 정부는 부산으로 서울로 옮겨 다녀야만 했고 4 · 19다, 5 · 16다, 12 · 12다 우리

들 머릿속에 씻을 수 없는 격동들을 수없이 몸소 체험하지 않았습니까."

"저는 일본군에 잡혀갔고 공산치하에서는 의용군에 끌려도 갔고 1·4후퇴 때는 국민방위군에도 따라 갔으니 세 나라의 군인 노릇을 한 셈입니다. 참으로 기구한 운명이었지요."

"그렇습니까. 저보다도 많은 고생을 겪으셨습니다."

"우리들은 처신하기가 참으로 어려웠습니다." 이 말을 하며 나는 웃으면서 스님을 보았다.

"며칠 전 문 변호사님을 통해 선생님이 오신다는 말을 들었습니다. 훌륭하신 분이라고 말하더군요."

"훌륭하다니요. 여태껏 제멋대로 살아온 놈입니다."

"제멋대로 살아온 것 얼마나 좋습니까." 스님은 웃음으로 받는다.

"집에서 떠날 때 한 달을 예정하고 왔습니다. 일종의 자기와의 싸움이다 마음먹고 왔습니다만, 견디기 어려우면 내일이라도 보따리 도로 싸갖고 가는 거고 이기면 한 달을 채우려고 합니다. 있는 동안 큰스님의 가르침을 받아야겠습니다."

"무슨 과분의 말씀을, 계시는 동안 자유롭고 편안히 계시다 가십시오. 책을 읽으시든가 글을 쓰시든가 마음잡으신 것 있으면 이루십시오." 하고 옆에 놓여 있는 몇 권의 책을 집어서 내 앞에 놓으며 "여기 불교에 관한 책이 몇 권 있으니 시간 있으시면 훑어보셔도 좋습니다."

"고맙습니다. 그렇잖아도 이곳에 와서 있기로 마음 정한 후 절에 가니 불교란 무엇인가 정도의 기초 상식은 가져볼까 해서 안국동 조계사 옆 불교 서적만 취급하는 서점을 찾았습니다. 워낙 단문한 저 같은 사람은 읽어 보아도 이해하기 어려운 책만 있어 망설이다 마침 불교학 개론이 있어서 집에 와 첫머리 몇 장을 읽어 보았습니다."

"그래요."

"그 책 첫머리에 저 같은 기초 상식조차 없는 사람도 이해하기 쉽게 다른 종교와 비교해서 불교는 이런 것이라고 적혀 있었습니다."

“어떻게요?” 흥미 있는 듯 다소곳이 다가서며 묻는다.

“본래 다른 종교에서는 오로지 교주의 가르침을 믿고 실행함으로써 교주의 섭리로 구원받는 것만을 최상의 목적으로 삼는 것이라, 따라서 교주와 신자 사이의 신분상의 위계는 영원히 변동이 있을 수 없지만 그러나 불교는 비록 교주인 불타의 가르침에 의해 믿고 이해하고 행하는 것이라 할지라도 그 최후의 목적은 우리 자신도 교주와 똑같은 불타가 되는 데 있는 것이라 했고 그러므로 불타와 신자 사이에는 먼저 깨닫고 아직 깨닫지 못했다는 시간상의 선후는 있을망정, 일단 깨달음을 이루어 불타가 된 뒤에는 양자 간에 아무런 차이도 존재하지 않는다고 하였더군요.” 조금 길게 설명했더니

“아하! 벌써 많이 깨달았군요.”

“그것도 깨달은 것입니까?”

“그럼요. 생각과 마음이 중요합니다. 선생께서는 벌써 행동으로 옮기시지 않았습니까.”

“행동이요?” 되묻지 않을 수 없다.

"책도 사서 읽어보셨고 이곳까지 찾으셨으니 행동하신 것이지요." 말을 하고 얼굴에 웃음을 띤다.

나는 스님의 그 말을 못 들은 척, "저는 여태껏 살아오는 동안 남에게 좋은 일을 한 적은 없습니다만 그렇다고 두드러지게 악하고 나쁘다고 생각되는 것도 없었다고 믿고 살아왔습니다. 아주 건방진 말이지요. 이것도 일종의 자만이지요. 불교에서는 이런 자만심이 금기에 들어있는 것 아닙니까."

"아닙니다. 불심에 벌써 깊이 들어가 계십니다. 이제 계실 곳으로 가실까요?" 이야기를 끝마치려고 한다.

나는 짓궂게 이야기를 이어갔다. "평생 종교를 가져본 적도 없었고 믿음이 무엇인지도 모릅니다. 그러나 저는 저 나름대로 신념이라고 할까 행동철학이라고나 할까 실천하는 것이 있습니다. 꼭 실천하는 신앙이라고나 할까요."

"그것이 무엇입니까?" 흥미가 있는지 다그쳐 묻는다.

"그러니까 중학 4년 때이니 스무 살도 안 되어서지

오. 그때 어느 선생님께 감화를 받았었지요."

"어떤 감화를 받았습니까?"

"그때까지 나는 공부는 하지 않고 놀기만 좋아했던 말썽꾸러기 학생이었습니다. 그 선생은 외국에서 공부하고 돌아와 처음 부임한 곳이 우리 학교였습니다. 나를 어떻게 보았는지 친절하게 대하며 공부를 열심히 하라는 말씀이 아니라 엉뚱한 이야기를 하는 것이었습니다."

"그래요."

"이야기를 하면 깁니다. 요지는 길을 가다 죽은 사람의 시신을 운반하는 상여 또는 영구차를 만나면 그곳에다 묵념을 해 보라는 이야기입니다. 묵념하는 그 순간만은 무아의 경지가 된다는 것이지요."

"하! 그래서요." 큰스님은 더 흥미를 느끼는 것 같다.

"무아의 경지가 되면 자기의 참모습을 찾아볼 수 있다는 것입니다." 고개만 끄덕하고 눈을 감고 있다. 나는 혼자 이야기를 계속하지 않을 수 없었다.

"그 선생의 이야기로는 사람은 언제나 명랑해야 한

다고 하지만 명랑만 해서는 안 된다는 거예요. 때로는 우울한 시간을 가져야 된다는 겁니다. 인간은 우울할 때 반성도 하고 사색도 해야 발전할 수 있다는 겁니다."

"참 좋은 말을 들었습니다. 그 후 어떻게 하셨습니까?"

"네, 어느 날 학교 가는 길에 상여가 지나가는 것을 보았습니다. 요령소리며 상여꾼들의 소리가 그날따라 유난히도 구성지게 들려오더군요. 문득 그 선생의 말이 떠올라 '에라 모르겠다 눈 딱 감고 한번 해보자' 마음먹고 길옆에 서서 모자 벗고 앞을 지나가는 상여에다 눈을 감고 묵념을 해 보았지요."

"그랬더니…"

"하고 나니 옆에 있는 사람들이 쳐다보지나 않았는지 쑥스러운 생각도 들었으나 덤덤한 것이 나쁘지는 않다는 생각이 들었습니다."

"계속하시죠." 재촉하는 듯하다.

"그 후로는 초상집이나 영구차가 눈에 띄면 묵념을 하고 기원도 했습니다."

"무슨 기원을……"

"이 세상에 태어나서 어떠한 일을 하다 가는지는 모르지만 지금 당신이 가는 세상이 있다면 부디 좋은 곳으로 가라고 이렇게 마음 속으로 기원을 하고 나면 형용할 수 없을 정도로 마음이 후련하고 좋을 수가 없었습니다."

"그걸 언제까지 계속했습니까?"

"언제까지라니요. 그 후로는 습관화되고 생활화가 되었지요. 공부도 하게 되었고 사람이 되어가는데 큰 도움이 되었습니다. 저에게는 일종의 신앙이 되다시피 몸에 배어 있습니다."

"참으로 깊으신 믿음입니다." 그 말을 듣고 나는 또 자만심이 생겨서 "극락이 있는지 내세가 있는지 또는 없는지 생각해 본 적도 없습니다만 만약 사람이 죽어서 가는 세상이 있다면 저는 그 곳에 가도 환영까지야 받지 못해도 푸대접은 받지 않을 자신은 있습니다. 왜냐하면 나보다 먼저 간 수많은 그분들에게 좋은 곳으로 가라고 기원하고 절규하는 내 말을 들었으니." 나의 이 말을 끝으로 큰스님이 일어서며 말했다.

"좋은 말씀 많이 들었습니다. 이제 시간도 오래되었으니 거처할 방으로 가시지요." 스님과 대화를 끝내고 방으로 와서 조용히 앉아 생각했다.

내가 지나치게 건방진 말을 한 것이 아닐까 생각도 해보았으나 그것이 사실이고 정말인 걸 자위하며 드러누웠다.

# 산사에서

계룡산 중턱 공주 갑사에서 올라와 자리 잡은 대자암, 이곳은 남쪽으로 주봉인 연천봉에서 내려다보이는 폭 파묻힌 조용한 곳이다. 경남 삼천포 쪽에 마땅한 곳을 찾지 못하고 이곳이 적당하다는 소개로 왔다. 거처를 정하고 나니 복잡한 서울을 벗어나 맑고 조용한 자연 속에 나라는 사람이 있구나 하는 생각이 들었다. 어느 정도의 고행은 참고 감수할 각오까지 하고 온 나였으나 예상한 것과는 달리, 거처하기가 편안한 곳임을 알 수 있다.

첫째, 규모가 제법 큰 곳이다.

정영 큰스님이라 알려진 고승 밑에 몇 분 스님이

있고, 수도하고 참선하는 남녀가 삼십 여 명이나 있는 선방도 널찍하게 지어놓았다.

둘째, 건물은 우리가 흔히 볼 수 있는 절 건물이지만 내부는 어느 곳이나 현대식 난방이 되어 있고 수세식에다 냉온수도 나오게 꾸며져 있는 것을 보고 놀랐다. 내가 세상물정을 너무도 몰라서인지 절도 암자도 이제는 근대화된 것에 놀라며 추위도 걱정할 필요가 없다는 안도감이 들었다.

셋째, 만나는 사람 누구나 친절하며 만날 적마다 몇 번이고 합장하고 인사하는 세계가 우리 속물이 사는 곳과는 다르다고 느꼈다. 이곳에 있는 스님이나 수도하는 분들의 하루 생활을 잘 모르니 법당에서는 예불을 하루에 몇 번 하는지 나로서는 자세히 모르겠다.

선방에서는 참선을 하루에 새벽, 오전, 오후, 저녁 두 시간씩 여덟 시간을 정기적으로 한다. 예불과 참선과의 차이점을 물어보았더니 대답이 아주 간단하다.

예불을 하는 것은 신자로서 믿는 것, 구원을 받기 위한 것이고, 참선은 직접 부처되는 성불하기 위한 공부를 수도하는 것이라고 어느 분이 이야기해 주는 것을 들었다.

나는 불교를 믿거나 구원받거나 성불하기 위해 온 것은 아니다. 그렇지만 이곳에 온 이상 나의 처신을 어떻게 하는 것이 좋은가 생각지 않을 수는 없다.

큰스님은 자유롭게 있으라고는 말했지만 이곳은 이곳대로의 길이 있는 법인데 나 한 사람으로 말미암아 이 깨끗한 곳이 조금이라도 더럽혀져서는 안 된다는 생각을 하게 되었다.

아침 예불은 참석하자. 큰스님도 나오니 이곳에 있는 이상 아침 인사를 해야 되지 않는가.

저녁 참선은 나도 해야겠다. 조용히 앉아 하루에 한 번씩 반성하고 사색하는 시간을 갖는 것이 얼마나 좋은가. 그렇지만 두 시간은 길고 한 시간은 해보자. 이렇게 마음먹고 실행했다. 그 이외의 시간은 맑은 공기나 실컷 마시고 떠오르는 생각이 있으면 붓을 들기로 정했다.

첫날 새벽이다. 고요한 이 새벽에 목탁소리에 어설프게 잠이 깨었다. 머리맡의 시계를 보니 세시 반이다. 평소보다 일러 잠을 더 청할 생각으로 누워 있는데 이번에는 종소리가 들려온다. 잠을 또 청할 수가 없어 옷을 입고 방한모를 뒤집어쓰고 창문을 열어보니 깜깜한 밤중이다. 아침 운동하기도 너무 이른 시간이라 전등을 들고 경내 앞으로 나섰다. 이럴 줄 알았으면 어제 길이라도 잘 살펴보았을 걸 이런 생각을 하며 조심조심 발을 디디며 법당 앞을 지나는데 앞에 누가 서 있다. 자세히 보니 큰스님이다.

"저 서태원입니다. 안녕히 주무셨습니까." 인사를 했다. "아, 그러세요. 잘 주무셨어요? 저기 저 불빛이 보이지요? 법당에 가서 절 세 번을 하고 나오세요."

나는 얼떨결에 '네' 하며 어리둥절한 대답을 하지 않을 수 없었다.

"저기 목탁소리가 들리고 불빛이 보이는 곳입니다." 그곳을 보니 어제 처음 왔을 때 대웅전이구나 생각한 곳이다.

"절을 하는 방법을 알아야지요." 나는 생각 없이 승낙 반 반대 반 애매한 말로 물었다.

"내일 새벽 타종소리를 들으면 바로 저 법당으로

오십시오. 가르쳐 드릴 터이니 오늘은 절 세 번만 하고 나오세요."

"네" 대답하고 나니 그곳으로 가지 않을 수 없다.

수도를 하는 사람들이 참선을 하고 있는 선방을 지났을 때는 소리 한 마디도 없는 적막 그대로였다. 스님이 말씀하신 법당에서는 간간히 목탁과 염불소리만 들려올 뿐 고요한 새벽 나의 발자국 소리만 들으면서 법당으로 갔다.

사람 하나 들어갈 수 있게 열려 있는 마루문으로 들어갔다. 닫혀 있는 방문을 열고 들어가려고 하는데 복도 끝에서 어떤 여자 한 분이 열심히 절을 하고 있는 것이 보여 그곳을 보았더니 벽에다 걸어놓은 그림이 보인다. 여기는 아니겠지 하고 염불소리 나는 방으로 들어섰다.

안을 보니 단상 위에 세 불상이 있고 그 앞에 여러 개의 등잔불 같은 조그마한 불들이 켜 있고 양쪽에는 촛대가 있다. 그 앞 방바닥 한 쪽은 남자, 다른 쪽은 여자들이 앉아 염불을 하고 있다. 그 한가운데는 텅 비어 있어 '아! 여기가 절을 하는 곳이구나' 라고 생각하고 큰 절로 세 번을 단숨에 하였다. 옆에 앉아 있는 젊은 스님이 나를 힐끗 보더니 방석을 자기 뒤에다 깔고 손짓으로 앉으라는 신호를 하는 것이다. 세 번 절을 했으니 더 앉아 있을 필요가 없어 법당에서 나왔다.

기왕 잠이 깨고 밖에 나왔으니 암자 밖을 벗어나 평소 아침마다 하는 도수체조를 하고 방으로 돌아오는 수밖에 없었다.

일곱 시 아침공양(식사)때다. 새벽 법당에서 나에게 앉으라고 하던 그 젊은 스님이 옆에 와 앉으며 조용한 소리로 "아까 절을 하신 그 자리는 큰스님이 앉으시는 자리입니다."라며 타일러 주는 듯한 말을 듣고 '아차 첫날 새벽부터 큰 실수를 하였구나. 절의 계율을 어겼나보다. 그러나 모르고 한 것이니 죄는 되지 않겠지.' 속으로 생각하며 쓴웃음을 지었다.

이렇게 나의 산사에서의 생활은 시작되었다.

## 자연 속에서의 생활

새벽에 일어나 밖에 나서면 으레 고개 들어 하늘을 쳐다본다. 파란 맑은 하늘에서 반짝이는 저 수많은 별들이 첫인사를 하며 언제나 나를 반겨준다.

어느 때는 유난히 크게 보여 내 머리 바로 위에서 반짝이고 있는 듯 중압감마저 느낄 때도 있다. 또 어떤 날에는 희미하게 몇 개만 보이거나 하나도 보이지 않아서 나의 마음을 허전하게 만들어 준다.

새벽 예불을 끝내면 하루도 빠짐없이 암자의 경내를 벗어나 하늘과 땅 사이에 나만이 홀로 서서 저 많은 별을 벗 삼아 아침 체조부터 그날 하루의 일과를 시작하는 것이다.

내가 움직이는 것을 따라 별들이 움직이는지 별들이 움직여서 내가 운동을 하는 것인지 별만이 보이는 자연 속에서 밤새 굳어졌던 나의 몸을 마음껏 풀어보는 것이다.

저 많은 별 중 내가 아는 별이라고는 어렸을 때 어른들에게 들었던 새벽 남쪽에 떠 있는 '샛별' 과 북쪽의 '북두칠성' 그곳에서 북으로 몇 배 더 가면 있는 '북극성' 정도이다. 그 외에는 기억에 남는 것은 없다. 학교에 다닐 때 무슨 성좌라고 하는 것을 들어본 것 같지만 다 잊어버렸다. 샛별은 서울에서도 가끔 볼 수 있으나 이렇게 맑고 크게 보이지는 않는다.

지금 볼 수 있는 큰 별은 우리들이 그림으로 그려보는 다섯 모퉁이가 뻗쳐 있는 별의 모양이 아니라 완연한 사람의 눈 바로 그것으로 보인다. 심지어 초승달만큼이나 크게 보이는 눈의 한가운데는 눈동자까지도 박혀있는 것이다.

이런 큰 별은 더더욱 새벽 산속에 홀로 서서 운동을 하고 있는 나를 내려다보며 자비롭게 비쳐주고 감싸주며 지켜주는 듯하다. 나는 이렇게 신비한 세계에서 아침을 맞는다. 잠자리를 정돈하고 아침식사를 끝내고 나면 선방에서는 아침 참선하는 시간이다. 그 시간 암자는 고요 속에 파묻힌다. 나는 적막 속에서 생각나는 것이 있으면 붓을 들고 몇 줄씩 써내려가다 무료해지면 밖으로 나간다.

암자를 벗어나 뒤쪽 산을 올라간다.

사람이 별로 다니지 않아 낙엽으로 쌓여 있는 언덕길을 찾아 올라간다. 나무가 우거진 정도가 아니라 사람의 손이 닿지 않은 원시림 같이 빼곡히 들어서있는 나무 사이로 올라가면 속세를 등지고 수도생활을 할 수 있는 토굴도 있다. 산짐승이 처음 보는 낯선 놈이라고 생각해서인지 가는 길을 앞질러가며 흘깃흘깃 뒤돌아보기도 하고 길을 안내해 주는 것 같기도 하다.

한참을 올라가면 정상은 아니지만 앉아 쉴 만한 평평한 곳이 있어 그곳이 명당이다 생각하고 발을 멈춘다. 숨도 가쁘고 호흡도 크게 할 겸 머리를 들어 하늘을 쳐다보면 내 머리 위에 파란 하늘이 아주 가까이 와 있는 것이다. 열시가 지난 한낮인데도 푹 파묻힌

산속이고 짧은 겨울해라 그런지 눈앞에 우뚝 솟아 있는 남쪽 산봉우리 위에 해가 갓 떠오른 것 같다.

나는 그곳에 두발을 버티고 서서 배에다 힘을 주고 몸 전체에서 내뿜는 큰소리로 목청껏 서너 번 내뱉는다. 우렁찬 소리가 온 천지로 울려 퍼져나가 메아리쳐 되돌아 와 내 앞에 와서 멈추는 그 순간 온 천지가 조용해지는 것이다.

흐르는 물소리, 산새 소리, 심지어 바람 소리마저도 멈추는 듯 내 귀에는 아무 것도 들리지 않고 고요하기만 하다. 그 잠시나마 이 세상이 내 것인 듯 정복자도 되고 희열감도 들고 창세기의 때묻지 않은 인간도 되어 보는 착각에 사로잡힐 때도 있어 무한한 쾌적함을 맛본다.

아! 이러한 것에서 내가 이곳에 온 값어치를 찾는구나 생각하며 내려온다. 암자에서 1킬로미터쯤 내려가면 갑사다. 오후에는 산책도 하고 세속과 가까워지고도 싶어 하루도 빠지지 않고 산길 따라 내려간다. 그곳에 가면 몽개몽개 연기가 피어 올라오는 모닥불이 어김없이 나를 기다리고 있다.

그 절 앞에는 사진기를 차려놓고 오고 가는 손님을 기다리는 사진사가 있다. 그분은 그 절 앞에서만 사십여 년을 사진 찍는 것을 천직으로 생각하고 오직 한길로 살아온 일흔이 넘은 노인이다. 그 노인이 추운 겨울날 몸을 녹이기 위해 절 밖 길 한 모퉁이에다 으레 모닥불을 피워놓고 자기를 찾는 손님만을 기다리며 마련한 안식처인 것이다.

나는 자동판매기에서 차 한 잔을 뽑아 마시며 모닥불 옆에 나란히 앉아 이런 저런 이야기를 한다. 사십 년 동안 한곳에서만 사진을 찍어주는 것을 천직으로 여기고 살아왔으니 촌로에 얽힌 희비의 이야기, 근 반세기 동안 이곳을 지나쳐 간 수많은 사람들이 지나가며 말한 풍월 같은 세상이야기, 두 늙은 사람의 부담 없는 이야기로 으레 시작한다. 어느 때는 이곳 국립공원에 적을 둔 청소하는 초로도 끼어든다.

"지금 젊은 사람들이 어디 시골에 있습니까? 있다 해도 이런 싼 품값으로는 일할 생각도 하지 않습니다. 늙은이 담배 값이라도 생기니까 이 일을 하지요."

하면서도 보수가 적음을 은근히 비치기도 한다. 절

구경 오는 남녀노소, 등산가는 사람도 쉬며 몸도 녹일 겸 모닥불 옆에 끼어든다. 다정하게 우리 늙은이에게 인사를 하는 사람도 있지만 제멋대로 떠들다 일어서서 가는 사람도 있다.

이 모닥불 옆에서의 노변담화에서 기쁘고 즐거웠던 이야기, 남을 칭찬하는 이야기를 많이 듣고 싶었던 기대는 어긋났지만 순박함을 느낄 수 있었고 마음은 편안함을 찾을 수 있었다. 얼마 동안을 보내고 고맙다는 인사와 내일 또 만나자는 말을 잊지 않고 남기고 산골짜기를 타고 흐르는 물소리도 들으며 칭얼거려 보기도 하고 어느 때는 콧노래도 내어 보며 발길 가는 대로 올라간다.

기다리는 사람이 있는 것도 아니요, 그렇다고 반겨주는 이가 있는 것도 아니련만 내 마음은 한없이 즐겁고 밝기만 하다. 서두를 길도 아니라 길옆에 주저앉아 서산으로 기울어져 넘어가고 있는 태양을 우거진 나무 사이로 바라보며 이런 저런 생각에 잠겨보기도 한다.

술로 세상을 달래보았던 이태백은 어떠했으며 벼

슬자리를 버리고 전원으로 돌아가 귀거래사를 읊어 보았던 도연명도 이만했을까?

한때 세상을 호령했던 '시저' 나 '나폴레옹' 은 끝내 어떻게 생을 마쳤나. 지금 나만은 유유자적하며 살아가고 있지 않나. 어느 누가 말했던가.

"사람은 아름답게 죽는 것도 어렵지만 그보다 더 어려운 것은 어떻게 아름답게 늙느냐에 있다." 이 말이 나의 머리를 스쳐간다.

오늘 저녁도 어김없이 저녁 참선만 한 시간 동안 하고 내 방으로 와서 앉아 붓을 들었다. 이곳에 온 지 벌써 한 달, 집에서 떠날 때 한 달을 기약하고 왔으나 과연 이겨낼 수 있을까 걱정도 하였으나 어찌되었던 결심한 것을 마쳤으니 뜻하고 결심한 것을 해냈다는 성취감이 없을 수 없다.

불교라는 신앙의 터전, 성지라고도 할 수 있는 이 암자에서 보고 들은 것이 불경이나 설법이었으나 워낙 심오하고 기간도 짧았고 공덕도 쌓은 적이 없는 나인지라 불교를 이해하고 믿음으로는 한 발짝도 들어가지 못하였어도 그래도 뜻한 바 있어 이곳에 잠시

나마 몸을 의지한 나를 따듯이 감싸주어 탈없이 한 달이라는 시간을 보냈고 이곳에 온 뜻을 어느 정도 이루고 가게 되었으니 마음 깊이 감사하지 않을 수 없다.

이 밤을 자고 난 후 내일이면 집으로 돌아간다는 생각을 하니 즐거워야 할 터인데 어딘지 모르게 아쉬움이 남는다. 이곳 높은 산에서 내려다 본 아래 세상, 안개인지 연기인지 공해인지 알 수는 없으나 뿌옇게 보이는 저 아래 속세가 그리워서 내려가겠다는 충동이 다시 솟아올라서도 아니다. 이곳은 이곳대로의 즐거움을 찾았고 아래 세상에서는 그곳대로의 즐거움을 갖고 있기에 내려가는 것이다. 이곳 생활에서 얻은 나의 최대의 수확은 앞으로 나의 생은 얼마 남지 않았지만 어디서든지 생에 대한 자신감을 더 얻었다는 것이다.

한 달이라는 기간을 정하고 자연 속에 파묻혀 보겠다고 결심하고 이곳에 와 그 결심을 이루고 가는 성취감, 고행을 이겨냈다는 어떤 승리감, 그동안 아무런 탈없이 건강했고 생에 대한 즐거움도 찾았다는 만족감, 여태껏 살아왔던 나의 길이 남부끄럽지 않았다는 새삼스런 자신감.

어느 철인이 말한 몇 가지 행복의 조건 중 위에 열거한 나의 느낌도 들어있는 것 같으니 행복함을 가슴속에 품고 꿈자리로 들어가자. 낮에 끼었던 구름이 벗겨지고 서쪽에서 반짝이고 있는 저녁별도 잠자고, 내일 새벽 매일같이 반겨주는 별들에게 마지막 인사하고 떠나는 것을 잊지 말아야지.

제4장

# 겨레에게 기도하는 마음으로

# 좋은 시민

선거를 앞두고 새해 벽두부터 시민단체의 목소리가 높아지고 있다. 낙천, 낙선운동으로 출발한 선거참여는 시민들의 호응을 얻어 점점 거세지고 있다. 이런 변화는 민주주의가 보다 성숙한 단계로 접어드는 하나의 전기가 될 수 있다. 건강한 민주사회의 유지는 공식적인 제도권 안에만 달려 있는 것은 아니고 제도권 밖의 다양한 집단들이 올바른 비판과 적극적 참여에 의해 가능하다.

민주국가로 나라를 세운 지 반세기가 지났고 그간에 여러 차례 선거를 거쳐 나라의 기틀을 다져왔지만 정치판은 한 발짝도 앞으로 발전하지 못하고 갈등과 대립으로 파쟁만을 일삼아 썩고 타락의 수렁으로 빠져 들어가 국민으로부터 외면당하고 있다.

## 독일의 패망은 국민의 이기심이 그 원인

어디 정치판뿐인가. 사회 전반 어느 한 곳도 신선한 곳을 찾아보기가 어렵다. 서로 불신하고 반목하며 용서할 줄 모르는 이기심으로 가득 찬 사회 풍조는 치유하기가 어려울 정도로 병들고 있다.

이러한 때 시민단체들이 일어나 새 바람을 일으키고 있는 것이다. 타락하고 썩어가는 정치판을 국민이 직접 선출해서 구성되는 입법부만이라도 우선 개혁하고 바로 잡겠다는 시민의 목소리에 아낌없이 찬사를 보낸다. 이 글을 쓰고 있는 이 순간, 역사상 최대의 정복자 몽고의 '칭기즈칸'의 말 한 마디가 머릿속을 스쳐간다.

"나는 앞으로 절대로 어떤 경우에도 홧김에 결정을 내리지 않겠다."

이 말은 감정만의 결정으로 힘으로는 정복했지만

결코 성공하지 않았다는 것을 말년에 가서 깨달았음을 말해준다. 이제 선거를 목전에 두고 선거문화를 바로 세우고자 일어난 시민단체들은 분노한 이들에게 감정적으로 불을 지피는 어리석음을 범해서도 안 되며 유아독존의 사고에서 벗어나 이성적이고 투명한 모습을 보여야 한다.

그리고 시민의 덕목으로 무장한 진실하고 신뢰할 수 있는 좋은 시민으로 국민 앞에 굳건히 서야 한다. 이백 년 전 독일의 선각자 피히테는 조국 독일의 패망이 나폴레옹 군대의 힘에 의해 패한 것이 아니고 국민의 이기심과 도덕적 부패에서 비롯된 것이라 간파하고 『독일 국민에게 고함』이라는 유명한 강론으로 국민들의 심금을 울렸고 각성을 촉구했다. 이 피히테의 부르짖음이 전 독일국민에게 공감대를 이루어 각성하고 단결해서 다시 일어나 오늘의 융성한 독일을 이룩한 원동력이 되었다.

## 훌륭한 정치의 시작은 훌륭한 시민에서부터

비록 늦었지만 지금부터라도 도덕적 재무장을 해야 한다. 이천 년 전 중국의 성자 공자는 나라를 바로 세우고 튼튼하게 하는 것은 군대, 식량, 공신력 이 세 가지라 말하고 그중 으뜸은 공신력이라 하였다. 윤리 도덕이 땅에 떨어지고 공신력이 사라진 곳에서 무엇을 얻을 수 있나 생각해 봐야 한다.

지금 시민단체들이 꼭 해야 할 일은 윤리 도덕을 되살리고 공신력을 되찾는 일이다. 이것이 정 어려우면 최소한 법질서만이라도 꼭 지킬 줄 아는 시민들의 생활태도를 가져야 한다. 이것이 시민들이 갖춰야 할 덕목 중 최후의 보루다. 시민단체 설립의 본뜻은 깨끗하고 명랑한 이웃, 살기 좋고 행복한 사회 건설에 있을 것이다. 그것은 어디까지나 순수하고 정의로워야 한다. 집약된 참뜻을 제도권에 반영해서 제도화할 것은 제도화하고 실천할 것은 실천에 옮기도록 힘을 써야지 그 운영자는 아닐 것이다. 우리는 기성 정당에 대해 높은 도덕성이나 윤리를 기대하지는 않지만 시민단체에 대해서는 보다 높은 기대를 한다.

그것은 아직 오염되지 않고 순수성을 간직하고 덕성을 갖춘 시민단체의 소리가 바로 우리 가슴에 전달돼 오기 때문이다. 정치권이 지금까지 여야 간에 반목과 갈등 비방으로 점철되었다면 시민단체들의 선거참여는 어디까지나 타협과 공존, 정의와 준법의식과 같은 시민적 덕목으로 이끌어가야 한다. 올바른 소리를 받아들일 줄 아는 겸허한 자세, 한발 물러서서 타협할 줄 아는 미덕, 이것이 잘 사는 사회의 철칙이다. 우리는 좋은 정부나 좋은 경제를 갖는 것을 바란다. 그러나 나는 좋은 정치 이상으로 좋은 시민이 더 중요하다고 생각한다.

# 겨레에게 기도하는 마음으로

이 순간에도 붓을 들게 해 주신 것을 감사합니다. '온 누리에 아침밥을 주시고 이 나라, 겨레에게 일터로 가게 하심을 머리 숙여 감사드립니다. 그 누구건이 가난한 땅 굴절 많은 시대를 살아온 백성들이지만 무엇이 옳고 어떻게 사는 것이 바른 길인지 아직도 깨닫지 못한 우리들은 당신의 준엄한 심판을 받아 마땅하다고 믿습니다.

입춘이 지나 봄이 왔음에도 동장군은 가지 않고 오늘처럼 눈보라 치고 추운 날 손을 비비고 두 발을 동동 구르며 일터로 가고 있는 꿈 많은 겨레, 내일의 희망을 안고 앞만 바라보며 씩씩하게 자라나는 젊은이들, 나라를 걱정하는 이 백성들에게 바른길을 가르쳐 주십시오.' 이런 기도라도 해야겠다.

**우리 모두에게 남이 잘 되면 배 아파하는 놀부의 심성이 있는 것은 아닌지?**

잘 뛰는 자는 앞서고 그렇지 못한 자는 뒤지는 것은 당연한 이치고 힘센 자는 이기고 약한 자는 지게 마련인 것을 뒤진 자가 앞섰다 하고 진 자가 이겼다 한다면 그 사회는 어떻게 되는 것입니까?

우리는 이런 것을 볼 때마다 크게 걱정합니다. 물론 그 싸움에서 옳고 정당했느냐는 제쳐 두고라도 이긴 자는 교만하지 말고 진 자는 겸허하게 받아들이는 사회라야 건전하고 밝은 사회입니다. 지금 우리 사회는 진정 이긴 자가 누구이며 진 자는 과연 누구인지 분간할 수 없을 만큼 질서와 정도가 무너진 혼란스러운 세상이 되었습니다. 이 땅에는 진 자는 없고 이긴 자만 있지 않나 착각할 정도입니다. 겸허하게 자기 잘못을 뉘우치고 용서를 비는 사람은 찾아볼 수 없고 입만 열면 자기만 옳고 자기가 승자인양 큰소리치는 자들만 매일 눈에 띄게 늘어나고 있습니다. 사촌이 땅을 사면 배 아파하고 자기 못 먹는 호박에 말뚝 박는 놀부의 심보가 나나 당신은 없는지요.

**세상만사는 때가 있고 길이 있는 법이다.**

정치는 실종되고 경제는 어려운 지경에 이르렀고 남북문제로 국론은 분열되어 많은 사람들이 지금을 난국이라고 합니다. 그러면 이 난국이 왜 왔습니까? 남의 나라 탓입니까? 자기 탓은 없고 남의 탓만 있습니까?

정치판은 여야가 서로 잘났다고 싸움판만 벌이고 노사는 대립으로 평행선만 가고 교육, 문화 등 사회 전반은 제자리를 찾지 못하고 계층 간 지역 간의 갈등은 점점 심화되고 있는 이 현실을 어떻게 생각하고 있습니까? 우리는 하루빨리 양보하고 타협하며 용서하는 미덕을 살리고 조화의 슬기로움을 찾아 대립과 갈등에서 벗어나야 합니다.

경제는 항시 기복이 있게 마련입니다. 그간 고도의 성장은 했으나 이에 우리 국민들은 자만하여 일찍 안주했고 성급히 술잔을 들었던 것은 아닌지요. 우리 허리띠를 다시 매고 일어서야 합니다. 남북통일은 이루어야 합니다. 이는 민족의 절실한 소망이지만 그동안 우리들은 인내하며 반세기를 넘게 기다려 왔습니다. 좀더 기다립시다. 이 모든 잘못이 위정자에게만 있고 국민 각자의 잘못은 없다고 생각합니까? 이것이 우리 힘만으로 풀 수 있는 문제입니까? 세상 모든 일은 때가 있고 길이 있으며 상대도 있는 법입니다.

**질서가 무너지고 서로 불신하고 이기심으로 인간 본연의 순수성을 저버린 사회 풍조가 위기입니다.**

이렇게 원칙이 살아있지 않고 전통과 순리가 무너진 지 오래며 지금은 법마저 있는지 없는지 분간조차 할 수 없을 만큼 혼탁한 세상이 되어 백성은 길 잃은 양이 되어가고 있습니다.

탐욕과 폭압, 광란이 기승을 부려 인간본성을 저버

린 일들이 곳곳에서 다반사로 일어나고 있으며 질서가 무너지고 사회기강이 바로 서지 못한 이것이 나라의 위기입니다. 서로 불신하여 믿지 못하는 사회, 물질만능의 풍조에서 이기심과 향락에만 눈이 어두워져 인간 본연의 순수성을 저버린 이 사회 풍조가 위기입니다.

## 좋은 지도자가 있는 나라는 희망이 있다.

어느 나라든 잘되는 나라의 지도자들은 그 사회의 등불이며 희망입니다. 국민은 결정과 운영을 이들에게 맡기고 이들을 믿고 이들이 둘러쳐 준 울타리 안에서 생업에 종사하고 편안히 살아가는 것입니다. 이것이 올바른 사회입니다. 나라의 지도자들이시여, 이 어려운 때 우리에게 희망을 주십시오. 어떻게 사는 것이 최선의 길인가를 가르쳐 주어야 합니다.

공자는 나라가 잘되는 으뜸은 공신력이라 했습니다. 신뢰는 거짓 속에서는 결코 자랄 수 없습니다. 못살더라도 희망이 있는 나라는 잘 살면서도 희망이 없는 나라보다 사람들을 더 행복하게 만든다는 말도 있습니다. 다스리는 자의 최상의 길은 덕이라고 합니다. 덕은 말로서만 얻을 수 있는 것은 결코 아니고 몸 전체에서 풍겨 나오는 거짓 없고 진실하며 명쾌하고도 따뜻한 체취입니다.

훌륭한 지도자들이 풍기는 온기가 온 누리에게 골고루 퍼져 서로 믿고 서로 아끼고 서로 용서하는 훈훈한 사회가 되어야 지금의 어려움을 이겨나가는 길이며 희망이 있고 살기 좋은 앞날이 있는 나라가 됩니다.

## 대통령에게 고언을

이 어려운 때 나라의 운명을 온몸에 짊어지고 계신 대통령. 당신이 삼 년 전 당선되고 처음 국민과의 대화하는 자리에서 아랫목에서 더워오는 온기가 윗목까지 퍼져 나라 전체 방방곳곳까지 훈훈해질 것이라고 백성들에게 희망과 용기를 주었습니다.

삼 년이 지난 지금 과연 그렇습니까? 저의 피부에

는 아직 느껴지지 않습니다. 이 시각에도 나라를 걱정하고 계실 대통령께서는 다시 취임초로 돌아가 당신의 참뜻이, 당신의 훈훈한 온기가 온 백성에게 못난 나에게까지도 전해오게 해 주십시오. 나는 다시 한번 서두에서 말한 기도하는 마음으로 이 나라 지도자들에게 호소합니다. 나를 위시한 이 나라 양들에게 어느 것이 옳고 어느 길로 가는 것이 바른 길인가를 가르쳐 주시고 희망을 주고 밝은 앞날로 인도해 주십시오.

# 치자治者의 성공조건은 정도正道 외에 왕도王道 없다

1945년 8월 15일, 우리나라가 치욕의 역사에서 해방의 감격을 맛본 지 58년의 세월이 흘렀다. 그 당시 '너' '나' 할 것 없이 온 국민은 가슴 아팠던 쓰라린 역사를 이 땅에서 다시는 되풀이하지 않고 이제부터는 사람답게 잘 살아보겠다는 결심과 희망에 가득 차 있었다. 물론 당시 우리나라 국민은 정치적으로 미숙했고 훈련도 안 된 국민이었지만 그래도 민주국가 건설에 힘을 기울였음은 사실이다.

그간에 국토는 양분되었고 이념의 갈등도 있었으며 민족상쟁의 비극마저도 겪었지만 국가건설이라는 열의만은 살아 있어서 남쪽만이라도 민주정부를 수립하고 국가 형태를 갖추고 힘찬 새 출발을 하였다. 그 후 우여곡절을 겪으며 여러 번 정권도 바뀌었지만 우리 국민들은 어떠한 어려움 속에서도 사람답게 잘 살아보겠다는 욕망만은 저버리지 않았다.

그러니 지난 시대의 목표는 굶주림으로부터의 해방이요, 잘 살아보겠다는 것이었다. 누가 뭐래도 그 목표만은 진실이었다. 그 진실 위에서 우리 모두가 합심하고 열심히 일을 했고 건설도 했고 개혁도 하였다. 그래서 성공한 것이다.

"하면 된다"는 지도자의 선창이 있었고 "해야 된다"는 국민의 분발이 있어 세계 속에서 큰소리도 쳐보았던 것 아닌가? 그러나 지금 그것이 어디로 갔는가?

묻노라. '문민'과 '국민'을 내걸고 출발했던 정권은 무엇을 했으며 지금 '참여'를 내걸고 출발한 이 정권은 내일을 향해 무엇을 심어줄 것인가? 그동안 역대 정권은 정권만 잡으면 개혁, 개혁한다고 새로운 메시지를 던졌지만 과연 참다운 개혁을 했는가? 지금 정권은 어떤 개혁을 하고 있는 것인가? 자기 정권의 구미에 맞고 정권 유지에 초점을 맞추는 개혁에 치중해 많은 국민으로부터 외면당하지 않았는가! 이제 집권자가 할 참다운 개혁은 국민들이 부지런하고 생산적으로 일하도록 이끌어주는 것이며, 부패와 타락으로부터 구출하는 의식개혁이 시급한 것이다.

지도자가 하는 말을 어디까지 믿어야 좋을지 알 수 없는 신뢰를 잃어버린 사회, 국민은 안중에도 없고 자기네들 밥그릇만 챙기기 위해 분열과 대립 속에서 표류하고 있는 정치판은 언제까지 계속할 것이며, 국가의 장래는 생각하지도 않고 곳곳에서 집단 이기주의자들이 판을 치고 있는 세상을 어떻게 바로잡을 것인가? 부정과 부패, 불륜과 향락이 우리 사회에 만연하고 있으니 이 부도덕하고 타락한 풍조를 무엇으로 치유할 것인가? 이런 그릇된 사회 풍조를 하루빨리 바로잡는 것이야말로 지금 정권을 잡은 자들이 제일 먼저 할 일이며, 이것이 시급한 개혁이다.

가난한 이웃을 돕고 약자를 보호하는 것에 반대할 사람은 아무도 없다. 다만 적게 일하고 남의 덕으로 편하게 잘 살아보겠다는 비겁자를 양산해서는 안 되며, 법을 존중하고 부지런히 일하는 올바른 국민이 잘 사는 세상을 만들자는 것이다.

"원칙과 상식을 가지고 살면 추해지고, 꿈과 이상을 지키면 웃음거리가 된다."는 부조리를 고발한 어느 정치인의 말에 공감하며 옛 성현이 말한 "다스리는 자의 최상의 길은 덕이다."라는 말이 생각난다.

누누이 말했지만 덕은 말로써 얻을 수 있는 것은 결코 아니다. 덕은 거짓 없고 진실하며 명쾌하게 실천하는 몸가짐과 행동에서 풍겨 나오는 뜨거운 신뢰에서 비롯되는 것이다. 또 나라를 튼튼하게 만들기 위해 식食도 필요하고 병兵도 필요하지만 무엇보다도 서로를 신뢰하는 공신력이 으뜸이라고 우리에게 가르친 공자의 말도 떠오른다.

과연 우리는 슬기롭고 훈훈하게 풍겨 나오는 '덕'의 향기로움을 느껴본 적이 있었는가? 우리 사회는 서로 신뢰하고 아끼고 사랑하는 인간미가 살아 있는가? 이런 물음에 "그렇다"는 대답이 나오지 않음을 안타깝게 생각한다.

민주정부가 수립된 지 오십여 년이 지난 지금까지

정치 문화는 물론이고 경제 윤리마저도 제자리를 잡지 못하고 있다. 설득과 이해로써 타협과 승복하는 민주시민의 성숙함이나 국민적 합의는 찾아볼 수 없고 갈등과 대립으로 평행선만 긋고 있으니 이 사회의 구성원인 우리 국민들은 갈 길을 찾지 못하고 방황하고 있는 것이다. 그렇다고 지금 훌륭한 스승이 국민 앞에 나와 어두운 밤중에 환하게 등불을 들고 "나를 따르라."고 외치며 옳은 길로 인도해 주기를 기대할 수도 없으니 안타깝기만 하다.

그러니 많은 국민들은 이기주의자가 되고 때로는 돌출행동도 서슴지 않고 타락하고 향락에 빠지는 사례가 비일비재한 것이다. 그릇된 민심을 바로잡아야 한다. '새로운 대한민국'을 내걸고 출범한 이 정권이 해야 할 일이 자명하다. 이제는 민주주의의 교과서로 돌아가서 위정자는 법을 살리고 떠나가는 민심을 되잡고 국민에게 신뢰받는 정부가 되어야 한다.

신뢰는 거짓 속에서는 결코 자랄 수 없다. 지금이라도 꼬여 있는 사태의 전말을 소상히 진솔하게 밝혀 국민에게 이해와 용서를 구할 것이 있으면 구하고 말재

주가 아닌 진정한 설득과 포용으로 감싸고 흩어진 민심을 한곳으로 모아 지혜롭게 어려움을 넘겨야 한다.

"정치는 정직하게 다루는 것 외에는 왕도가 따로 없다."는 말이 있다. 정치는 말할 것도 없고 경제, 문화 등 모든 분야의 정책의 실현은 설득과 이해, 신뢰를 바탕으로 합의에서 이루어져야 유종의 미를 거둘 수 있다는 것은 이미 역사가 증명하고 있다. 이렇게 해야 개혁도 착실히 추진해 나갈 수 있고 사회의 여러 병폐도 뿌리를 뽑을 수 있으며 어려운 남북문제도 대처해 나갈 수 있다.

# 대타협을 이루라 함은
# 하늘의 엄숙한 소명召命이다

## 이 나라는 지금 어디로 가고 있는가?

12월, 계미癸未년 한 해도 저물어 가고 갑신년의 새아침이 다가오고 있다. 언제고 흐르는 세월에 후회와 회한이 없었겠느냐만, 금년 한 해를 되돌아보면 유난히도 가슴이 답답하고 후련한 희망의 상상력조차 떠올리기 힘든 세상이 되어 캄캄하니 '이 나라는 지금 어디로 가고 있는가?' 라는 생각이 앞서 정말 불안하다.

나는 꼭 일 년 전 12월 22일 새벽 대통령 선거 개표 결과의 소식을 듣고 붓을 들어 새로 대통령에 당선된 일면식도 없는 노무현 당선자에게 백성으로서 진심으로 축하하고 새로운 대통령에게 힘을 주고 당부도 하는 글을 써 '새로운 대한민국, 아름다운 사회' 라는 제목으로 월간 헌정지 1월호에 발표한 적이 있다. 선거 중 새로운 나라 아름다운 사회를 이루겠다고 다짐하며 두 눈에서 눈물방울이 흘러내리는 노무현 후보의 모습을 보고 '아, 저 눈물이야말로 소외되고 외롭고 좌절한 백성들의 슬픔의 현장도 직접 보고 과거 우리 민족이 겪었던 가슴 아픈 역사의 흔적도 몸소 보고 느껴서 나오는 눈물이다' 라고 생각했고, '내가 대통령이 되면 다시는 이 나라에 과거와 같은 쓰라린 역사의 악순환은 되풀이하지 않게 할 것이며 외롭고 좌절한 국민에게는 용기와 희망이 넘치는 세상을 이루겠다고 굳게 다짐하는 남자의 눈물이다' 라고 믿었다.

그래서 나는 그 글 말미에 대통령 당선자에게 가슴에는 언제나 그 뜨거운 눈물을 간직하고 있어야 하고 앞으로 이 나라가 어려울 때, 답답하고 괴로울 때, 꼬이고 꼬여서 풀기 어려울 때 당신 가슴속의 그 뜨거운 눈물이 있음을 상기해야 된다고 진심으로 당부하였다. 그로부터 어언 한 해가 지나갔다.

지금 온 천지는 계미년 한 해를 보내는 신호인지 보슬보슬 하얀 첫눈이 내려 온 세상을 은빛으로 뒤덮고 있다. 더럽혀질 대로 더럽혀진 이 세상을 말끔히 씻은 듯 눈길을 사박사박 걸어가는 나의 귀에 문득 세모에는 어김없이 찾아오는 자선냄비 종소리가 들려 나도 모르게 발길을 돌려 종소리 나는 곳으로 걸어갔다.

이것은 매년 내가 하는 연중행사의 하나이다. 구역질 날 정도로 세상은 더럽혀졌지만 그래도 저 자선냄비만은, 저 딸랑거리는 종소리만은 성스럽고 깨끗하며 거짓 없는 딴 세상 같아서 내 마음과 몸을 그쪽으로 가게 한 것이다. 나는 이러한 마음이 사라지기 전에 작금의 나라 안팎에서 일어나고 있는 여러 사태들을 상기하며 솔직하게 나의 생각을 호소해 보는 것이다.

다시 묻는다. "이 나라는 지금 어디로 가고 있는가? 우리에게 내일이 있는가?" 대통령과 야당은 싸움만 하고 정치판은 똘똘 뭉쳐 민생을 살리고 나라를 구할 생각은 않고 자기 자신들의 잘못은 반성할 생각은 조금도 없이 남 헐뜯는 것만 일삼고 오직 내년 총선에만 주판을 두고 있지 않는가!

지금 나라 안은 어느 한 곳도 성한 곳이 없다. 대선자금이다, 특검이다 하며 누구를 소환하고 누구를 구속했고 어마어마한 돈을 누가 주었느니 누가 받았느니 하는 보도로 매일 신문지면을 메우고 있다. 그것도 며칠이 아니고 지난 몇 달 동안, 아니 앞으로도 얼마나 더 계속될 지 모를 이 수치스러운 기사를 보아야 하니 이게 무슨 나라꼴인가?

얼마 전 검찰 수사에서 드러난 한 야당의 불법 대선자금의 액수와 수법은 우리를 놀라게 했다. 한 기업체로부터 백억 원을 아파트 지하주차장에서 현금으로 받았다 해서 다문 입을 벌어지게 하더니 이어 또 한 기업체로부터는 고속도로 주차장에서 백오십 억 원의 현금을, 또 다른 기업체로부터는 백억 원을 차떼기로 받았다 하니 이게 어디 범죄영화에서나 볼 수 있는 장면이지 정상적인 사회에서 볼 수 있는 것인가?

이거 큰일 났다. 이 나라는 어디까지 추락할 것인가? 어느 지방 공무원이 받은 뇌물이 너무 많아 기억조차 못한다는 웃지도 못할 기막힌 보도를 보고 벌어진 입이 다물어지지 않더니 이런 동서고금에서도 들어보지 못한 일들이 이땅에서 일어나고 있으니 통탄하지 않을 수 없다. 위는 위대로 아래는 아래대로 하늘 무서운 줄 모르고 챙겨 먹으니 도대체 이 나라는 어떤 나라인가? 집안에서 돈이 썩는 냄새로 잠을 이룰 수 없다고 누가 말하지 않았던가? 사회 곳곳이 하도 썩어 부패공화국이라는 말도 있다.

지금 당국에서는 경제는 바닥을 벗어났다고 하나 과연 그런가? 투자와 소비는 늘어나지 않고 고용은 줄고 실업자는 늘어나고 있으며 가구당 부채는 삼천만 원에 육박했으며 카드빚이 천문학적으로 늘어 그로 인한 신용불량자는 몇 백만 명으로 늘어났다고 한다. 기업하는 사람들은 이 나라를 떠나 외국으로 나가 기업을 살려 보겠다고 방법과 길을 찾고 있으며 외국 투자자들은 점점 우리나라를 외면하고 있다.

이러한데도 집단 이기주의자들은 무리를 지어 거

리를 누비고 있다. 교육은 실종되어 갈피를 잡지 못하고 있으며 남북문제며 외교 및 대미관계도 불확실성만 계속되고 있다. 이렇게 국내외 문제가 꼬이고 꼬여 선량한 시민들마저 이 나라를 떠나는 현상까지 나타나고 있다.

우리나라의 자랑이었던 미풍양속과 윤리도덕은 땅에 떨어진 지 오래됐으며 가정은 무너졌고 치안은 부재상태로 시민들은 안심하고 살 수 없다고 불안해 하고 있다. 이렇게 어디 하나 성한 곳이 없이 부패하고 막히고 꼬였으며 불신으로 가득 차 있으니 과연 이 나라는 어디로 어떻게 가고 있는가 생각지 않을 수 없다.

**어려울 때 기회는 온다, 지금이 바로 그때다.**

이 나라가 어쩌다 이 지경에 이르렀는가? 대통령만 탓해야 하나, 정부만의 잘못인가? 물론 나라의 최고 책임자인 대통령의 책임이 가장 크다. 아울러 이에 못지않게 이 나라 정치의 일역을 담당하고 있는 정치인 여야 공히 책임을 느껴 엄숙하게 국민에게 사과하라. 그리고 사회 전반을 오늘같이 엉망으로 만든 원인은 국민 모두에게 있음을 깨닫고 온 국민은 각성하고 새로운 나라 아름다운 사회를 만드는 데 합심하고 일어서야 한다.

이백 년 전 독일의 철학자이며 독일 재건의 아버지라고 일컬어졌던 피히테는 독일의 패망이 불란서 나폴레옹 군대의 힘에 의해서가 아니라 국민의 이기심과 도덕적 부패에서 비롯된 것이라 간파했다. 또한 그는 『독일 국민에게 고함』이라는 유명한 강론으로 국민들의 심금을 울려주었고 각성을 촉구하여 흩어지고 좌절한 국민들에게 용기와 희망을 주어 온 국민이 합심하고 다시 일어나 지금의 위대한 게르만의 독일을 건설한 시발점이 되었음은 역사가 증명하고 있다. 지도층이 건강하고 올바르면 그 나라 국민은 번창하고 지도층이 병들고 부패하면 그 국민은 불행하고 나라는 망한다는 엄연한 사실을 지금도 우리는 보고 있지 않은가?

기회는 왔다. 어려울 때, 떨어질 때로 떨어졌을 때

기회는 온다는 말이 있다. 우리나라가 새로 태어나 다시 일어날 좋은 기회가 온 것이다.

옛 중국 삼국시대 유현덕은 삼고초려로 공명을 얻어 촉나라를 이루었다는 고사가 있듯이 여야 지도자들은 자기 몸을 낮춰 대타협의 정치적 슬기로움을 발휘해 이 나라를 구하는 데 몸 바칠 각오를 해야 된다. 미국의 케네디 대통령은 용기 있는 정치인이라 함은 다음에 또 다시 당선된다는 생각을 버리고 현실에서 자기가 나라를 위해서 할 최선의 길이 무엇인가를 깨닫고 그에 몸 바쳐 노력하는 자라고 하였다.

노대통령을 필두로 여야 지도자들은 앞장서 새 나라로 탈바꿈하는 데 있어서 지금이 가장 호기임을 알아야 한다. 이제 여야는 네가 잘못했고 내가 잘했다는 등 치졸한 정치 싸움은 다 던져버리고 불의와 부패를 끊기 위한 용기 있고 비장한 정의의 용사가 되어야 한다. 그 선두에 설 자는 바로 대통령이다. 우선 노대통령부터 사명감을 갖고 자기희생의 정신으로 자신을 던져라. 그리고 대선자금에 대해 미진한 것이 있으면 국민에게 솔직히 고백하고, 용서를 구할 것이 있으면 겸허하게 용서를 구하라.

일 년 전 우리 국민들은 대통령 당신에게 오 년 간 이 나라의 명운을 맡겼다. 취임한 지 일 년도 안 되었는데 재신임을 묻겠다는 말이 왜 나왔는지 이해가 가지 않는다. 며칠 전 정당 대표들과 만난 자리에서 부정한 대선자금이 상대 후보가 거두어들인 금액의 십분의 일이 넘으면 정계에서 은퇴하겠다는 충격적인 말까지 했다고 하니 이것이 과연 국정 최고책임자로서 할 수 있는 말인가? 대통령의 한 마디 한 마디는 천금 같아야 하고 그 한 마디의 메아리는 천지를 진동할 만큼 권위가 있어야 한다.

이제는 그러한 계산된 정치행태는 버리고 거짓 없고 진실하게 당신의 가슴속에 담고 있는 뜨거운 눈물이 맺힌 그 순수한 노무현을 국민은 보고 싶은 것이다. 거듭 말하지만 지금이 절호의 기회다. 모든 것을 훌훌 털어버리고 텅 빈 마음으로 대통령이 두 손을 활짝 벌리고 자기를 싫어했고 미워했던 야당에게 다가가서 껴안아 주는 감동의 그 장면을 보고 싶다.

야당 지도자들이여, 당신들도 마찬가지다. 특히 지

난번 대선에서 낙선한 이회창 후보 진영은 그 추잡하고 더러운 불법 대선자금의 진상을 소상히 밝혀야 하며, 이에 관여한 여야 모든 사람이 겸허하게 법의 심판을 받아야 된다. 그래야만 살아서 숨을 쉬는 나라인 것이다.

국민들이여, 진정 나라를 사랑한다면 누구는 잘했고 누가 잘못했다고 따져 무엇 하겠는가? 이미 때는 늦었다. 우리 모두가 죄인임을 깨닫고 반성하고 지금의 나라가 처한 위기의 사태를 직시하고 일대각성을 하여 다함께 손잡고 일어나 희망차고 활기찬 내일의 대한민국 내 나라를 위해 힘차게 매진하자. 이제부터 온 국민이 소망하고 사랑하는 이 나라를 바로잡는 데 혼신의 힘을 다 바쳐야 한다. 지금이 바로 그 기회다. 이를 위한 그 첫째 과업은 오직 대타협의 큰 정치를 이루는 것이며, 이것으로 이 난국을 타개해 나가는 시발로 삼아야 한다. 만약 이번 기회에 정치의 가장 큰 덕목인 대타협을 이루어내지 못한다면 대통령도 야당 대표도 역사의 준엄한 심판을 받아야 한다. 이것은 하늘의 엄숙한 소명이다.

## 불신은 공멸, 믿음을 회복하자

한 배에 탄 사람들은 생사가 서로 묶여 있는 사람들이다. 우리 사회의 지도자와 국민, 가정의 어버이와 자식, 학교의 스승과 학생, 기업의 경영자와 근로자, 이 모두가 한 배에 타고 있는 사람들이다. 그러니 즐거움이 있으면 함께 웃어야 하고 괴로움이나 고통이 있으면 이를 함께 나눌 줄 아는 사람이 되어야 살기 좋은 고장, 살 만한 곳이 될 것이다.

우리나라의 모든 국민은 한 조상 한 핏줄의 민족이다. 그러므로 한 배에 타고 생사를 함께 해야만 하는 운명 공동체이다. 만약 그 배에 물이 고이면 함께 퍼낼 것이다. 누가 시켜서 퍼내는 것도 아니고 감시자가 있어 펴내는 것도 아니다. 이것이 자율에 의한 협동이며 능률인 것이다.

즐거움이 있으면 함께 웃고 어려움이 있으면 참고 견뎌내고 고통을 기꺼이 나누어 가질 줄 알아야 한다. 그런데 지금 우리 사회는 이것이 부족하다. 한 배에 탄 운명 공동체라는 것을 잊고 각자가 따로따로 다른 배에 탄 것으로 생각하고 있다.

지금 우리나라가 당면하고 있는 모든 문제들 우리 민족이 안고 있는 어려움의 근원이 여기에 있음을 알아야 한다. 서로 다른 배를 탔다고 생각하면 여기서 불신이 생기는 것이다. 지금 우리들에게 가장 시급한 문제는 이 불신풍조를 어떻게 없애느냐에 있다.

## 공신력을 우선시하는 사회

옛 중국의 성현 공자와 그의 제자 자공과의 대화 속에 이런 말이 있다. 자공이 공자에게 묻기를 "나라가 튼튼히 서려면 어떤 여건을 갖추어야 합니까?"라고 물었더니 공자가 대답하기를 "나라가 굳세어지려면 첫째 군비가 튼튼해야 하고 둘째 식량이 넉넉해야 하며 셋째 공신력이 있어야 한다."라고 대답하였다.

다시 자공이 묻기를 "그 셋 중 하나를 빼야 할 형편이면 무엇부터 빼야 하는가?"라고 물었더니 공자는 "그것은 군비를 빼야지."라고 답했다. 또 묻기를 "하나를 더 빼야 한다면 무엇이냐."고 물었더니 "그것은 식량이지."라고 답했다는 것이다. 공자의 말은 국가나 사회가 튼튼하기 위해서는 세 가지가 꼭 필요하지만 그 중에도 공신력이 으뜸이며 제일 중요하다는 뜻이다.

오늘 우리의 가슴을 아프게 하는 것은 정치나 경제가 잘못되어 가는 것이라지만 정치가 잘못되었으면 차차 고쳐갈 수 있고 경제가 문제라면 그 발전은 더디 할 수도 있고 참고 기다려 볼 수도 있다. 그러나 가장 큰 근심은 공신력이 없어져가고 서로 믿지 못하는 불신이다. 이것은 근본이요, 원천적인 문제이기 때문이다. 서로를 믿지 못하는 불신 속에서는 힘도, 단결도 바랄 수 없으며 부가 무슨 소용이 있으며 지식도 다 무효가 되기 때문이다.

## 남의 탓 하지 말고 나 자신부터 믿어라.

요즘 유행어 중 "그 말 그대로 믿어도 되나요."라는 말이 있다. 이 얼마나 무서운 말인가! 사람이 사람을 못 믿으면 그 누구를, 그 무엇을 믿겠다는 것인가? 친구를 믿지 못하고, 이웃을 믿지 못하면, 우리는 누구를 믿겠다는 것인가? 지금 각자 가슴에 손을 대고 생각해 보자. 국민이 지도자를 믿지 않고 지도자는 국민을 믿지 못하는 사회, 어버이는 자식을 믿지 못하고 자식은 어버이를 믿지 않는 가정, 스승은 학생을 믿지 못하고 학생은 스승을 믿지 않는 학교를 생각해 보았는가? 그렇다면 그곳에는 거짓과 허구만이 쌓이게 될 것이다. 그러한 곳에서 무슨 뜻이 이루어질 수 있으며 인간다운 삶을 살 수 있겠는가!

불신풍조 이것은 무서운 병이다. 어떻게 하든지 이 무서운 병에서 우리를 구출해야 한다. 지금은 그 도를 넘어 공적 장소에서 증오와 적대감이 가득 찬 말들이 판치고 있다. 최소한의 품격도 없고 상식도 없는 나라꼴이 되어가고 있지 않는가! 왜 이렇게 되었는가? 서로가 서로를 가해자로 보고 증오와 미움을 키워왔고 불신과 미움이 가슴 깊이 쌓여 있기 때문이다. 믿어야 좋을 것을 알면서도 그리고 믿어야 될 것을 알면서도 의심해야 하는 불행은 어디에서 기인한 것인가? 그것은 지난날 너무도 오랫동안 속아왔기 때문이다. 계속 속았기 때문에 이제는 불신이 병이 되어 몸에 밴 것이다.

어렸을 때 들은 이솝 우화 중 '양치기 소년의 이야기'가 생각난다. 양치기 소년이 늑대가 나타났다고 여러 번 동네 사람들을 속여서 동네 사람들이 소년을 믿지 않았다가 정말 늑대가 나타났다는 이 아이의 말도 믿지 않아 큰 피해를 보았다는 이야기가 있다. 그렇다. 우리들은 과거의식에서 속히 벗어나야 한다. 어제 속았으니 오늘은 믿지 않는다는 논리는 비참한 것이다. 어제의 대상과 오늘의 대상이 상관이 있다 해도 꼭 같은 것은 아니다.

상황에 따라 다른 법이다. 또한 남이 나를 믿어주지 않으니 나도 남을 믿을 수 없다는 것이다. 이 논리는 자신이 믿지 않은 행위에 대한 자기변명이다. 자기가 남을 믿어야 남도 자기를 믿게 되는 것이다.

우리나라도 옛날에 이런 이야기가 있었다. 어느 대감이 자기 집 하인을 보고 "자네 얼굴이 돼지상이네그려."라고 얘기했더니 그 하인은 대감을 보고 "대감님은 부처님상입니다."라고 답하더라는 것이다. 하인의 그 말에 대감은 의아하여 "나는 자네 보고 돼지 같다고 했는데, 자네는 어째서 나를 부처님 같다고 하는 것인가?"라고 물었더니 하인은 주저하지도 않고 "그것이야 누구나 자기 마음 속에 새겨진 대로 남의 얼굴을 보는 것이지요."라는 대답을 했다는 것이다. 그렇다. 자기 마음 속에 새겨진 대로라는 말이 중요하다. 우리는 각자 마음 속에 부처님을 새겨놓고 모든 사물을 보아야 한다.

# 대자연 조화를 믿듯이 우리 서로를 믿자

만물은 자전과 공전이 교차하는 우주에서 생존하고 있다. 천변지이天變地異와 변화무쌍을 예측할 수 없는 자연의 조화 속에서 인간은 생존을 이어왔고 또 이어갈 것이다. 우리 인간은 이 우주와 자연의 천칙을 굳게 믿고 살아가고 있는 것이다.

만약 이 천칙을 믿지 못하겠다고 생각해 보자. 공전과 자전이 교차하는 중에 지구가 어느 천체와 충돌을 하고 만유인력의 원리가 무너진다고 생각하면 단 하루도 마음놓고 살 수 있겠는가! 자기가 서 있는 땅이 지진이 일어나 갈라지고, 살고 있는 이 땅에 영하 섭씨 수십 도의 추위나 화씨 수백 도의 더위가 온다고 생각하면 살아갈 수 있겠는가!

과학적으로 불가능하다고 배제할 수는 없지만 우리가 살고 있는 이 땅에는 오지 않을 것이라고 굳게 믿고 있기에 별 불안이나 불편을 느끼지 않으며 살고 있는 것이다.

다만, 자연과 인간과의 싸움에서 지는 자만이 생을 유지하지 못한다는 사실은 알아야 한다. 이러한 우주의 조화로 회귀와 전생이 되풀이되면서 조물주의 섭리에 따라 우리 인간은 짧은 기간 동안 이 세상에 왔다 가는 것이다. 인간이 살아가는 동안 명예도 좋고, 돈도 좋지만 인간만이라도 서로를 믿지 못하면 어떻게 살 것인가! 혼자서는 살 수 없는 것 아닌가.

여럿이 엉키고 가정을 꾸미고 이웃이 생기고 사회와 국가를 이루는 것이다. 각자가 잘 살기 위해서는 지도자를 믿을 수 있는 사회, 스승을 믿는 학교, 어버이를 믿는 가정, 친구와 이웃들이 서로 어울려 서로 믿고 사는 고장이 되어야, 이 사회는 명랑하고 살기 좋은 곳이 될 것이다.

이렇게 되어야 우리가 지금 걱정하고 있는 정치,

경제, 윤리, 도덕도 제자리를 잡을 수 있고, 이것만이 이 나라가 발전하고 이 민족이 번영하는 길이라는 것을 꼭 명심해야 한다.

## 이번 5·31 지방 선거의 결과를 대통령은 겸허히 받아들여라

우리나라가 지금 어디로 가고 있으며 제대로 나라 구실을 할 수 있을까 하는 걱정스러운 글을 발표한 적이 있다. 그러나 이번 5·31 지방 선거 결과는 이런 걱정은 지나친 기우였다는 것을 말해주고 있고 현명한 우리 국민의 민주주의에 대한 굳은 의지를 여실히 보여주고 있다.

대한민국은 '민주 공화국'이다. 이것은 우리나라의 건국이념이며 '주권은 국민에게 있고 모든 권력은 국민으로부터 나온다.'라고 한 것은 헌법에 명시된 이 나라의 국시다. 이를 거역하는 어느 단체도 어느 누구도 용납할 수 없다는 확고한 국민의 뜻이 이번 선거를 통해 나타났다.

우리는 이 이념과 국시 아래 나라를 세웠고, 이 나라를 지키고, 발전하는 데 얼마나 많은 땀과 눈물과 피를 흘렸는가? 그 결과 우리나라를 선진국의 문턱까지 끌어올렸다. 그간 나라 안에는 여러 가지 난제와 저항과 갈등이 있었지만 인간 존중의 전통은 살아 있었으며 지역 간 세대 간 갈등의 피해를 겪으면서도 자유와 평등은 살아 있는 사회였다. 어려움이 있다면 그것은 민주적 절차와 질서를 무시하고 자신들만의 주장을 강요하는 독선과 오만 그리고 타협할 줄 모르는 아집만이 만연하고 있다는 점이다. 그러나 이번 지방 선거를 통해 이러한 반민주적 세력들을 용인하지 않겠다는 국민의 의지가 드러났다고 볼 수 있다.

이번 선거는 대통령과 여당의 실정을 가혹하리만큼 응징하고 집권당을 버린 선거다. 대통령은 이번 선거는 민심의 흐름이라고 했지만 민심이 당신으로부터 완전히 떠났다는 것을 알아야 된다. 이번에 투표장에 가서 본 국민들은 느꼈을 것이다. 예전과는 달리 투표장 안은 고요하면서도 엄숙하고 중압감마저 감돌았다. 투표를 하는 국민들의 눈빛은 반짝였고 마음속으로 어느 당 어느 누가 좋아서 한 표를 찍는 것이 아니고 이 한 표가 어지러운 이 나라를 구하고 내가 바라는 살기 좋은 나라, 아름다운 사회를 이루어 달라고 소망하는 엄숙하고 굳은 국민들의 모습, 그것을 보았을 것이다. 그러니 이번 선거에서 나타난 민심은 하늘의 뜻임을 알고 선거 결과를 가지고 꼼수나 말재주로 오도해서는 안 된다. 이는 하늘이 용서하지 않을 것이다.

선거는 끝났다. 여기에는 승자도 있고, 반드시 패자도 있기 마련이다. 승자는 교만하지 말고 패자는 겸허하게 결과를 받아들이는 성숙한 시민의 자세를 보여야 한다. 앞으로는 이번 선거에서 나타난 민심의 소재를 정확히 파악하여 여·야 공히 정국운영의 묘와 그 실행을 위해 혼신의 노력을 기울여야 한다.

노무현 대통령이시여! 사 년 전 대통령 후보로서 눈물 흘린 당신의 모습을 많은 국민이 보았다. 국내외로 어려운 사정에 놓여 있는 이 나라를 갈기갈기 흩어진 나라 안 사정을 "내가 대통령이 되면 살기 좋고 편안한 나라를 이루겠다."라고 결심하는 가슴 터지는 뜨거운 눈물이었다고 생각했고 당선이 확정된 첫 기자회견 서두에 '대화와 타협의 시대를 열겠다.'고 첫 일성으로 국민에게 약속했다. 그 후 어언 사 년이 지나는 동안 대화와 타협은 실종됐고 대립과 갈등의 연속이었으며 당신이 생각한 살기 좋고 편안한 사회가 되지 못했기 때문에 민심이 당신으로부터 떠났다는 이 사실을 겸허하게 받아들이는 대통령의 모습을 보여야 한다.

선거에서 승리를 거둔 한나라당은 승리에 안주하거나 도취해서도 안 된다. 국민들이 당신네 당이 좋아서 그 많은 표를 준 것이 아니고 여당이 이대로 나라를 다스리면 이 나라가 거덜날 것 같은 걱정이 되어서 야당인 당신들에게 몰표를 주다시피 한 것을 잘 알 것이다. 이제부터는 한나라당이 하기에 달렸다. 이제는 수권정당으로서 비전과 대안을 확실히 보여주어야 된다. 이것도 아니고 저것도 아닌 기회주의적 처신이나 "야당이 무슨 힘이 있느냐!"식의 도피 행동은 국민에게 통하지 않음을 알아야 한다.

노대통령은 이번 선거가 비록 지방 선거였지만 민심이 어디에 있음을 알았을 것이다. 앞으로 당신이 나라를 다스려 가는데 한나라당을 배제하고는 어떠한 정책도 실행하기 어려운 정치적 실세임을 인정하고 정치적 파트너로 받아들여 야당의 도움을 받아야 한다. 한편 한나라당도 대통령과 여당과 대립상태가 아닌 상호 협력 관계를 유지하며 국정운영을 도와주어야 한다. 이것이 이번 선거에 표출되지 않은 진정한 국민의 요구다.

"직장을 갖게 해 달라"고 요구하는 청년 실업자들, "장바구니를 가볍게 해 달라"고 바라는 주부들, "경제를 살려라"라고 외치는 시민들 등 각계각층의 아우성 소리를 정치인들은 귀담아 들어야 한다. 그 사람들의 마음속 깊이 맺혀 있는 근본 외침은 제발 으르렁대고 싸움만 하지 말고 네 탓 타령만 할 게 아니라 자신을 반성하고 양보도 하며 대화와 타협하는 성숙한 민주정치를 이루어 달라는 것이다. 온 국민의 절실한 소망이고 시급한 문제이다.

국민들이여 진정 나라를 사랑한다면 누가 잘했고

누가 잘못했다고 따져 무엇 합니까? 이미 선거는 끝났고 역사의 장은 넘어갔고 새로운 장이 시작되는 때입니다. 지난날에는 우리 모두가 죄인임을 깨닫고 반성하고 지금의 나라가 처한 위기의 사태를 바라보고 일대 각성을 하여 다함께 손잡고 일어나 희망차고 활기찬 내일의 대한민국 내 나라를 위해 힘차게 매진하자.

이제부터는 온 국민이 소망하고 사랑하는 이 나라를 바로잡는 데 혼신의 힘을 다 바쳐야 한다. 지금이 바로 그 기회다. 이를 위한 첫 번째 과업은 오직 대타협의 큰 정치를 이루는 것이며 이것으로 이 난국을 타개해 나가는 시발로 삼아야 한다. 만약 이번 기회에 정치의 가장 큰 덕목인 대타협을 이루어내지 못하면 대통령도 야당 대표도 역사의 준엄한 심판을 받아야한다. 이것은 하늘의 엄숙한 소명이다.

## 우리 한 배를 탄 운명 공동체에 살고 있음을 알아야 한다

세상이 왜 이다지도 거칠어지고만 있는가? 동방의 예의지국이요, 수려한 금수강산이라며 자랑스러웠던 산천은 어디 가서 찾아볼 수 있으며 예의 바르고 순박했던 겨레의 미풍양속도 지나간 옛 이야기 거리로만 남아 있는 것인가? '우리 강산' '우리 겨레' 이 얼마나 아름답고 정다운 말인가? 이것은 인간이 자연과 산천을 사랑했고 정성껏 가꾸고 아낀 결과에서 나온 말이요, 이웃들이 서로를 감싸주고 존중하며 신뢰하는 바탕에서 우리라는 말을 찾아볼 수 있다. '우리 엄마' '우리 친구' '우리 마을' '우리 학교' '우리의 지도자' 이 얼마나 마음속이 뜨거워지며 정이 풍겨 나오는 좋은 말인가! 생각해보면 이렇게 정이 넘치는 좋은 나라이고 자랑도 할 만한 우리나라인데 왜 근자에 와서는 이 나라가 이다지도 살벌해졌고 사람들은 거칠어만 가고 있는지 모르겠다.

매일 아침 문 앞에 배달되는 신문을 선뜻 보고 싶은 생각이 나지는 않지만 그래도 손이 가서 집어 보면 오늘도 기분 좋고 시원한 기사는 없고 일면 첫머리 기사부터 상을 찌푸리게 하고 구역질이 날 정도로 보기 싫은 기사뿐이다. 그것도 대문짝만 한 톱기사로 사진까지 실어가며 누가 돈을 먹고 누가 주었느니, 그것도 몇 푼이 아니고 수억 아니 수십 억으로 나 같은 사람은 생각조차 할 수 없는 큰 액수로 연일 많은 사람이 거명되고 있으니, 얼마 전에 누가 말했던가.

"돈 썩는 냄새가 집안에서 진동했다"라고 말한 그 돈 썩는 냄새가 이 신문지면에서도 나는 듯해서 사뭇 구역질이 나올 것만 같다. 특히 요사이는 대통령의 아들이 어떻고 야당 대통령 후보의 주변이 어떻고 하며 나라의 상층부에 있는 분의 이름까지 들썩이며 마구잡이 폭로 기사로 지면을 메우고 있다.

몇 장을 넘겨 사회면을 보면 독자에게 감동 줄 만한 미덕의 기사는 별로 없고 절도, 사기 같은 조그만 기사는 눈에도 잘 띄지 않는 조그마한 기사이고 반면, 복면 은행 강도 사건이 한 달이 멀다 하고 발생하고 주가를 조작해서 하루아침에 부자가 되겠다고 수백 억을 해먹었다는 지능범죄도 종종 눈에 띈다.

더욱이 우리를 놀라게 한 것은 열네 살 난 중학생이 교실 뒷문으로 들어와 시험을 보고 있는 동급생을 흉기로 찔러 숨지게 한 끔찍한 사건이다. 그 다음 날 학교 안에서 학생이 선생을 흉기로 찔렀다는 사건도 일어났다. 나를 더욱 놀라게 한 것은 동료 학생을 죽음으로 몰고 간 그 학생의 범행 후의 첫 분노의 한 마디가 "친구가 억울하게 매 맞는 것을 보고도 아무런 도움도 주지 못한 자기에게 너무도 화가 났다."라는 어처구니없는 말까지 했다는 사실이다.

왜 이다지도 우리 사회는 삐뚤어져 있는 것일까? 위는 위대로 아래는 아래대로 불법과 부정, 부도덕을 지나 인륜을 저버린 포악의 사회상이 다반사로 일어나고 있는 것일까? 질서는 무너지고 썩고 부정과 부도덕이 판을 치는 세태라면 이 나라가 어떻게 되어가고 어느 길로 가고 있는 걸까? 걱정하지 않을 수 없다. 그러면 그 근원이 어디에서부터 나온 것일까?

어느 한 사람의 잘못으로 어느 특정 집단의 잘못으로 돌리기에는 늦었다. 이제는 국민 전체의 문제임을 깨달아야 한다. 한 마디로 말할 수는 없지만 가장 근원은 우리 민족이 운명 공동체라는 의식이 각자의 머리에서 사라졌기 때문이다. 남을 믿지 못함은 물론이요 상대를 이해하고 존중할 줄도 모르며 오직 유아독존으로 이기주의로 가득 한 인간 군상으로만 살고 있기 때문이라고 생각한다.

한 배에 탄 사람들은 서로 생사가 함께 묶여 있는 사람들이다.

우리 사회의 지도자와 국민, 가정의 어버이와 자식, 학교안의 스승과 학생, 기업의 경영자와 근로자, 이 모두가 한 배를 타고 있는, 운명을 함께 하고 있는 사람들이다. 그러니 즐거움이 있으면 함께 웃고 괴로움이나 고통이 있으면 이를 함께 나눌 줄 아는 사람이 되어야 그 곳은 살기 좋은 고장, 살아갈 수 있는 곳이 될 것이다.

우리나라 모든 국민은 한 조상, 한 핏줄의 민족이다. 그러니 한 배를 타고 생사를 함께 해야 할 운명 공동체이다. 만약 그 배에 물이 고이면 함께 퍼낼 것이다. 누가 시켜서 퍼내는 것도 아니고 어떤 감시자나 강요에 의해 퍼내는 것도 아니다. 이것이 자율에 의한 협동이며 능률인 것이다. 즐거움이 있으면 함께 웃고 어려움이 있으면 참고 견뎌내고 고통을 기꺼이 나누어 가질 줄 알아야 한다. 그런데 지금 우리 사회는 이것이 부족하다. 한 배를 탄 운명 공동체라는 것을 잊고 따로따로 각자가 다른 배를 탄 것으로 잘못 생각하고 있다.

지금 우리나라가 당면하고 있는 모든 문제들, 이 민족이 안고 있는 어려움의 근원이 여기에 있음을 알아야 한다. 서로 다른 배를 탔다고 생각하면 여기서 불신과 갈등이 생기는 것이다. 지금 우리들에게 가장 시급한 문제는 이 불신풍조를 어떻게 없애는가에 있다. 자기를 속이지 않는 진실한 자세, 서로를 믿을 수 있는 사회 풍조를 하루빨리 우리 사회에 정립해야 한다.

지금 우리 국민의 가슴을 아프게 하는 것이 정치나 경제가 잘못되어 가는 것이라고 하지만 정치가 잘못되었으면 차차 고쳐 나갈 수 있고 경제가 문제라면 그 발전의 속도를 늦추고 참고 기다려 볼 수도 있다. 그러나 가장 큰 근심은 공신력이 없어지고 서로를 믿지 못하는 불신이다. 이것은 근본적이요 원천적인 문제이기 때문이다. 서로를 믿지 못하는 불신 속에서는 힘도 단결도 바랄 수 없으며 부가 무슨 소용이 있으며 지식도 무효가 되기 때문이다.

우리는 각자 마음이 닫혀 있는 사람이 되지 말고 마음이 활짝 열려 있는 슬기로운 국민이 되어야 한다. 너그럽게 남을 이해하고 용서하고 받아주는 사회, 거짓 없는 자기의 마음과 행동을 보여주어 누구나 자신을 믿고 남을 믿는 마음의 문이 활짝 열렸을 때 이 사회는 명랑한 사회가 되고 힘찬 앞날을 기약할 수 있다.

## 민족이 살아 있는 나라에는 멸망이라는 단어는 없다

### 어머니 나에게서 계급장을 떼어가 주십시오.

"어머니, 제 몸에 계급장이 있다면 그 계급장을 떼어 주세요. 이제는 계급장을 봐주는 사람도 없습니다. 계급장이 있다 해도 아무 소용이 없습니다."

며칠 전 억대의 연봉을 받는다는 항공사의 조종사들까지도 노동쟁의를 한다고 거리로 뛰쳐나온 것을 보고도 "이 놈들 이래 가지고는 나라 꼴이 안 된다." 라고 꾸지람 한 마디도 못하는 이 못난 자식에게 계급장이 무슨 소용이 있습니까?

지금 서울의 거리는 머리에 붉은 띠를 두르고 빨간

셔츠 차림의 노조원들이 하루가 멀다 하고 매일 시가를 누비고 있습니다. 이 슬픈 광경을 볼 때마다 '정부는 무엇을 하며 기업주들은 어떻게 하였기에 산업 현장에서 땀 흘리며 열심히 일해야 할 젊은이들이 저렇게까지 거리로 나와 과격한 시위로 국민을 불안하게 하고 공권력과 충돌까지 하며 심지어 화염병과 몽둥이가 난무하여 전쟁터가 무색할 정도가 되었나? 왜 사회가 이렇게까지 거칠고 과격해지고 있는 걸까! 이러고도 나라가 잘 되어 나갈 수 있을까?' 라는 걱정을 하지 않을 수 없습니다.

이것이 나의 지나친 걱정일까요? 뜻있는 국민들의 공감을 얻지 못하는 과격한 시위를 하는 형제들이여, 당신들이 의사표시를 할 수 있는 다른 방법이, 길이 얼마든지 있지 않습니까? 과격한 방법은 공감을 얻지 못할 뿐 아니라 적절한 길이 아닙니다. 지금 나라 안은 백년 만에 처음이라는 초유의 가뭄에 애타게 비를 기다리는 동포들이 있습니다. 이들을 생각해서라도 거리로 나오는 과격한 행동만은 자제해야 합니다. 이 말은 힘도 없고 계급장도 없는 나이 든 한 늙은이의 간절한 호소이며 부탁이기도 합니다.

정치인의 당파적 감정은 애국심에 길을 비켜주고, 국민은 오늘의 현실을 바로 보고 일대 각성을 해야 합니다.

지금 이 시기에 가장 급한 것은 정부 당국자의 변화이며, 국민의 일대 각성이 따라야 합니다. 이제라도 민주주의의 교과서로 돌아가서 위정자는 법을 살리고 떠나가는 민심을 되잡고 국민으로부터 신뢰받는 정부가 되어야 합니다. 신뢰는 거짓 속에서는 결코 자랄 수 없습니다. 지금이라도 꼬여 있는 모든 사태의 전말을 소상히 진솔하게 밝혀 국민에게 이해와 용서를 구할 것이 있으면 구하고 설득과 포용으로 여야를 감쌀 것은 감싸서 흩어진 민심을 한곳으로 모아 지혜롭게 이 난국을 넘겨야 합니다. 정치는 정직하게 다루는 것 외엔 왕도가 따로 없습니다. 이래야만 정부는 법을 다루는 정의의 사도가 되고 국민은 그 법을 준수하는 백성이 됩니다.

지금 우리나라를 다스리는 전면에 서 있는 여야 정치인들이여, 당신들의 당파적 감정은 애국심에 길을 비켜 주어야 합니다. 어느 특정인이 아니라 당신들의 양심은 신의 뜻과 법에 따른다는 생각으로 오늘의 현실을 바로 보아야 합니다.

지금 나라 꼴이 말이 아닙니다. 사회는 썩어가며 정치는 어지럽고 삶의 갈피를 잃어가고 있는 이 백성들에게 희망과 꿈을 안겨 주는 단단한 기둥이 되어 주고 길잡이가 되어 이끌어 주는 어른의 모습이 보이지 않습니다. 참으로 답답합니다. 정부는 국민이 믿을 만한 게 못되고, 법을 지키면 오히려 손해 본다고 생각하는 사람이 많은 세상이 되어 갑니다. 나라가 이 지경이 되도록 국정 책임자나 여야 정치인들, 사회 각 분야에서 빛나는 계급장을 달고 있는 지도급 인사들이 이를 전혀 눈치 채지 못하고 있다면 어떻게 국민들이 그들을 믿고 따라갈 수 있겠습니까?

그래도 우리는 살아가야 합니다. 나라란 원래 우리 국민들의 것이지 대통령이나 그 어느 누구의 것도 아닙니다. 믿을 수 있는 것은 우리 자신입니다. 국민이 지금의 현실을 바로 보고 각성하여 바로 서야 합니다. 우리가 살아 있는 한 이 나라는 희망이 있습니다.

## 내 겨레에게 던져주고 싶은 한 마디, "인간성 회복만이 나라를 구한다"

지금 우리나라는 정치는 물론이고 경제, 문화, 교육 등 각 분야에서 잘잘못을 말하는 사람은 많아도 이의 시정을 위한 근원이 어디에 있는지 알려주고 이 사회를 이끌고 갈 사상을 심어줄 정신적 길잡이가 될 큰 스승이 나타나지 않음을 안타깝게 여기고 있습니다. 나는 여기에서 누가 잘하였고 누가 잘못했음을 가려내려고 하는 것을 결코 아닙니다. 다만 이 민족이 안고 있는 아픔을 함께 아파해 보았느냐고 묻고 싶을 뿐입니다. 여러분의 형제자매가 슬퍼할 때 같이 울어보았느냐고 묻는 것입니다.

그렇습니다. 남의 아픔을 자기 아픔으로 생각하고

남의 슬픔을 자신의 슬픔으로 받아들일 줄 아는 인간성 회복만이 우리 조국이 안고 있는 어려움, 민족이 겪고 있는 여러 가지 난제를 풀어나갈 수 있는 지름길이 된다는 것을 말하고 싶어서입니다.

우리 민족은 기나긴 역사를 살아오는 동안 헤아릴 수 없을 만큼 많은 시련과 수난을 겪었지만 그래도 지금, 이때까지 꿋꿋하게 살아왔습니다. 이는 같은 민족이라는 동질성과 같은 핏줄이라는 믿음과 사랑, 즉 동포애라는 순수한 인간성의 발로에서 이루어져 온 것입니다. 그러나 지금 이 땅에는 불신과 갈등, 탐욕이 충만하여 갈 길을 잃고 있습니다. 이러한 풍조를 과감히 도려내지 못하면 민족과 조국이 구제받기 어렵다는 사실을 알아야 합니다.

이제 우리는 조용히 가슴에 손을 얹고 스스로가 민족에게 죄를 저지른 것이 없는지 깊이 생각해야 할 때가 왔습니다. 서로가 믿고 서로를 용서하고 서로 이해하는 바탕에서, 상대방의 입장에서 자기 자신을 조망해보는 사랑의 눈물이 맺힐 수 있는 참다운 인간성 회복만이 내일의 이 조국, 이 민족에게 영광이 온다는 것을 명심해야 합니다.

이 말이 오늘 내 형제자매, 겨레에게 던져주고 부탁하고 명하는 한 마디입니다.

## 우리라는 참뜻

우리 생활 주변에서 가장 많이 사용하는 용어 중 '우리' 라는 말이 있다. 우리들, 우리 집, 우리나라 등등 광범위하게 사용하는 일상용어이다. 물론 외국에서도 '우리' 라는 용어는 사용하고 있지만 우리나라처럼 흔하게 사용하는 경우는 드물 것이다.

이 '우리' 라는 말은 문자 그대로 '너' 와 '나' 를 포함한 한 집단을 통칭하는 것으로, 특히 우리나라에서 '우리' 라는 뜻에는 가족 중심제의 깊은 뿌리에다 단일민족으로서 이룩한 오랜 전통과 역사가 포함되어 있다. 우리 민족은 그동안 갖가지 민족의 수난과 시련을 당했지만 꾸준히 인내하고 투쟁해서 단일문화와 더불어 한 조상을 섬기는 국가를 형성하고 유지해 왔다. 따라서 '우리' 라는 말 속에는 민족의 희로애락이 간직된 풍토적 향취를 풍기는 독특한 용어로 생활화된 말이라고 생각한다.

여기에서 '우리' 를 생각할 때 자동적으로 '너' 와 '나' 의 관계를 연상하지 않을 수 없다. '우리' 라는 것이 인간 공동체를 뜻하는 것이라면 '너' 와 '나' 는 인간 개개인을 칭하는 것이라 하겠다. 그러므로 '우리' 라 함은 그 속에 '너' 와 '나' 라는 뚜렷한 개인으로 구성된 집단을 통칭하는 말이다. 여기에서 '너' 와 '나' 의 관계를 자세히 알아보는 것이 '우리' 를 정확히 이해할 수 있는 길이 되겠다.

'너' 와 '나' 는 이질적이면서도 동질화될 수 있는 상반되면서도 불가분의 관계를 맺고 있다. 언뜻 생각하기에는 아주 상반되고 독립된 존재 같기도 하면서 때로는 아주 동질적이며 종횡의 관계만 맺는 존재로도 생각이 된다. 독립된 인격을 갖고 있으며 서로 불가분의 관계를 맺는 '너' 와 '나' 는 어떻게 연결이 되어서 '우리' 라는 공동체를 유지하는지 알아보기로

하자.

이 두 존재의 관계는 어디까지나 상대적인 것이며 그 중간에는 뚜렷한 선이 있어야 한다. 서로 침범할 수도 없고 침범하여서도 안 되는 한계가 있는 것이다. 오로지 그 두 존재를 연결해 주는 질서와 기강이 있는 법이다.

인간만이 지니고 있는 오고 가는 정이며 의리로써 슬기롭게 연결되고 기강과 질서 속에서 유지되는 '너'와 '나'의 관계로 '우리'의 전통이 이루어져 가정을 이룩하고 사회가 성립되며 국가가 발전하는 것이다.

오늘날 선진국의 예를 보면 '너'와 '나'와의 중간에 선이 뚜렷하게 그어져 있다. 우리가 생각하기에는 그 사람들의 사고방식은 지나칠 정도로 개인주의요, 개인지상주의로 느껴진다. 그러나 그들은 '너'와 '나'의 관계에서 서로 침범할 수 없는 선을 지키면서도 '너'가 존재하므로 '나'가 존재한다는 상대가치를 인정할 줄 아는 바탕 위에서 서로의 관계를 유지한다. 또한 서로를 존중하고 이해할 줄 알며 공동의 이상과 목표를 위하여 상반되는 점이 있으면 타협하여 합치점을 찾아서 같이 투쟁도 하고 봉사와 희생도 할 수 있는 자신들의 운명 공동체인 '우리'의 전통을 살린다. 그러한 질서와 기강 위에서 사회관, 국가관을 성립하고 국민 전체의 생활 규범과 철학을 확립하여 사회를 유지, 발전시켰고 국가를 형성하여 번영케 하였다고 생각한다.

그 국민들은 개성이 뚜렷하여 '너'와 '나'의 관계를 명확히 지키면서도 '우리'라는 공동체에 유익하고 필요한 자신들의 훌륭하고 위대한 지도자를 많이 출현하게 하였고 따라서 지도자는 그 국민과 국가에 많은 공헌을 해 왔다. 서로의 이해와 봉사로써 국난에는 소아를 버리고 대의를 위해 합심하여 싸우는 국민들이다.

이러한 것은 개개인이 우수함은 물론이거니와 그 사회에는 '너'와 '나'를 연결하는 윤리와 질서가 바르게 확립되었고 정신과 행동을 귀일할 수 있는 철학이나 신앙이 되다시피 한 국민의 정신적인 바탕이 그 사회 전체에 흘러 '우리'라는 전통 사회를 만들어

왔다. 이것이 그 나라의 독특한 국민성·국민정신(혼)으로 승화되어 오늘의 번영을 가져다 준 요인이 되었다.

그러면 우리나라에서 '너'와 '나'의 관계는 어떠한가? 서로 침범할 수 없고 침범하여서도 안 될 선이 있는가? 이것을 연결하는 철학과 전통과 질서가 확립되었는가? 어느 때는 그 중간의 선이 지나치게 뚜렷하게 그어져 있는 것도 같고 때로는 선이 없는 것도 같은 모호한 관계임을 느끼게 한다.

지난 우리나라 역사 속에 나타나 있는 여러 가지 사실과 몇몇 사례를 보더라도 가족제도라는 울타리에 얽매여 참다운 '나'를 발견하지 못하였다. 또한 봉건적 사회제도 속에서 순종만을 미덕으로 삼은 생활환경에서 '나'를 억제만 하였던 지나친 '우리'라는 관념에 사로잡혀 '나'도 찾지 못하였고 따라서 '너'라는 존재가치도 옳게 판단할 수가 없어서 이로 인하여 민족의 번영과 국가의 발전에 많은 해를 가져온 것이 사실이다.

한편 이러한 사회 관념은 편협한 생각으로, 나와

가깝지 않으면 적으로 돌리는 풍조가 생겨 파당을 만들어 서로 이해하고 타협할 줄도 모르고 철학도 윤리도 없는 파쟁만 되풀이하였던 치욕의 역사를 만들었다.

심지어는 '나' 만을 위해서는 어제의 적이었던 '너' 가 오늘 가장 가까운 나의 편이 되는, 원칙도 윤리도 의기도 없는 일면을 볼 때 우리나라는 '너' 와 '나' 의 철학이 어디에 있으며 아울러 '우리' 의 전통도 찾아볼 수 없다. 물론 우리 역사는 우리 국민이 본받아야 할 '너' 와 '나' 에 관한 많은 미담이 있다. 그러나 그것은 지나간 한낱 미담으로만 그쳤지 그 미담을 우리 것, 우리 국민의 규범으로 삼지 못했고 생활로 소화시키지 못했다.

우리 국민은 마음이나 생활에서 지니고 있거나 느낄 수 있는 철학이 부족하다. 국민을 한곳으로 귀일시킬 수 있는 내세울 만한 국민 혼·민족혼도 없다. 이러한 정신적 결여가 '우리' 라는 용어를 가장 많이 사용하면서도 그것의 전통을 살리지 못한 것이라고 생각한다.

'너'와 '나'의 질서와 철학을 확립하지 못하고 '우리'의 전통을 살리지 못한 것이 선진국에 비해 민족의 번영을 이루지 못하고 국가가 발전하지 못한 원인이라 생각한다. '나'를 확립하고 '너'를 이해할 줄 알고 '나'를 알고 '너'를 존중할 줄 아는 '나'의 참 가치를 발견해야 한다.

이러한 '너'와 '나'의 바탕 위에서 그 중간에는 정과 의리가 흐르며 윤리와 질서가 정립되어 철학으로써 맺어지는 '우리'가 형성되어야 한다. '너'를 부정하기에 앞서 긍정할 줄 아는 아량이 있어야 하고 '나'가 필요할 때만 써먹는 '우리'가 아니라 '우리'라는 공동체에서 참다운 '나'를 찾아야 한다.

오늘날 사회의 부조리, 각계의 대립도 '나'를 속이지 않고 '너'를 속이지 않는 '너'가 존재함으로써 '나'가 존재할 수 있다는 기본 바탕과 질서 속에서 서로를 이해하며 '우리'라는 차원 높은 관점에서 풀어나갈 줄 아는 슬기로운 '너'와 '나'가 되어야 근본적으로 해결된다고 본다.

지금 우리나라는 '우리'라는 전통 사회를 빨리 확

립하여 국민이 다 같이 귀일할 수 있는 정신적 바탕을 찾아야겠다. 국민 각자의 생활 속에 철학이 있고 통일화된 민족혼이 국민 전체에 뿌리 깊이 박혀 외적인 힘에 의하여 뭉칠 수 있는 민족이 아니라 내적인 봉사와 희생으로 합칠 수 있는 '우리' 국민이 되어야겠다.

제5장

# 오~ 필승 대한민국

## 나는 들었노라 "오~필승 코리아"

나는 보았노라, 우리의 젊은 용사들이 잘 훈련된 기량과 실력으로 무장하고 푸른 잔디 위에서 힘차게 싸워서 승리의 기쁨을 나에게 안겨 준 그 축구 용사들의 모습을. 또 온 국민이 한 몸이 되어 뜨거운 열기로 전국의 밤하늘을 가득 채울 만큼 아낌없는 성원을 보내고 있는 이 겨레의 모습을 나는 보았노라.

나는 들었노라, 전 국민이 한마음으로 "오~대한민국 코리아"를 힘차게 합창하는 겨레의 우렁찬 소리를 나는 들었노라. 그리고 나도 외쳤노라. "오~대한민국이여! 영원 하라."

2002년 제17회 월드컵은 우리나라에서 개최하였

다. 이번에 여섯 번째 출전하였는데 반세기 만에 폴란드전에서 거둔 귀중한 첫 승을 시발로 포르투갈전의 승리로 16강에 진입하여 우리의 첫 소망을 이루었다. 더 나아가 강호 이탈리아 전에서 승리함으로써 8강의 꿈마저 달성한 이 승리야말로 스포츠 차원만이 아니라 우리 사회의 여러 어려운 측면에 교훈을 던져주었고 국민에게 각성과 희망을 안겨 준 큰 수확이다.

이제는 우리나라도 세계 속에서 우뚝 설 수 있는 자부심과 터전이 마련되었다. 우리 국민도 하면 된다는 자신감도 얻었다. 이 감격스럽고 소중한 수확은 우리 국민이 영원히 간직해야 된다.

1954년 월드컵 첫 출전 이후 48년 만에 처음으로 16강이 확정되던 밤, 우리들은 잠들지 못했다. 젊은 이들은 태극기를 휘날리며 거리를 질주했다. 집안에서는 가족들이 한몸이 되어 얼싸안고 "오~대한민국"을 외치며 기뻐했다. 그리고 며칠 후 8강이 확정된 순간 승리의 기쁨보다도 우리 민족의 위대함을 실감할 수 있는 감격의 눈물을 흘렸다. 그리고 며칠 후 우리 전사들은 또 해냈다. 국민들이여! 온 천지가 진동하는 감격의 메아리 소리가 들리지 않는가? 8강에서 스페인을 물리치고 4강으로 진입한 그 순간 대한민국 국민임이 얼마나 자랑스러웠는가? 그 누구도 예측하지 못한 이 승리야말로 하늘과 신도 우리 편이었다. 세계 그 많은 나라에서 4강 진입이라는 신화를 우리 선수들이 이루어냈다. "오~대한민국!" 가슴 속에서 터져 나오는 함성은 온 천지를 뒤흔들었다. 세계인들도 놀랐을 것이다. 대한민국이 이렇게 위대함을.

우리는 국가가 위기에 처할 때마다 이런 열정으로 한마음이 되어 나라의 어려움을 막아냈던 소중한 경험을 가지고 있다. 우리나라 역사상 나라의 위기를 여러 번 겪었지만 우리 민족은 굳게 단결해 잘 싸워 승리해서 오늘에 이른 민족이다.

상대방 골네트가 출렁이면서 온 국민이 얼싸안고 하나가 되는 순간 정치는 너무도 작아 보였다. 국민을 내 편, 네 편으로 편 가르기 했던 갈등과 반목의 정치는 국민이 하나가 되는 감동의 축구 앞에서 고개를 들지 못했다. "오~대한민국!"을 외치는 혼연일체의 함성 속에서 자기 하나만을 생각하는 이기주의자는 너무도 초라해졌을 것이다.

이번 월드컵의 감동의 드라마에는 인간 히딩크 감독식 용병술, 비전, 준비, 원칙이 있었다. 그를 철석같이 믿고 화려한 플레이로 소화해 낸 태극전사들의 열정과 자기 관리도 있었다. 히딩크가 내놓은 기초체력, 팀워크 중심, 중장기 플랜, 연고주의 선수 기용 타파, 공정 경쟁  등은 한국 축구의 고질적 병폐를 떨쳐냈고, 소소한 비난을 아랑곳하지 않고 결속을 다짐하며 자기 소신을 굽히지 않는 히딩크식 지도력은 우리에게 신선한 교훈을 주었다.

우리나라의 정치, 기업, 사회 각 분야에서도 그 변신과 발전의 틀을 이번 한국 축구의 쾌거에서 찾아야 한다. 특히 정치권에서는 그 속에 도사리고 있는 지역, 계층, 세대 간 분열과 갈등을 씻고 대통합과 도약의 정치를 이뤄내 달라는 국민의 염원을 저버리지 말아야 한다. 이번 월드컵을 통해서 우리 국민 마음 속에 깊이 파고든 감정은 어떤 위기에서만이 아니라 더 나아가 나라의 발전과 도약을 위해서도 집단적 열정을 발휘할 수 있다는 가능성을 보여 주었다.

이번 월드컵의 승리는 지도자와 선수가 혼연일체가 되어 노력한 결과이며 온 국민이 한마음으로 뜨겁게 성원한 보답임을 깊이 새겨야 한다.

장하다! 그리고 용감하였다. 대한의 축구팀이여! 월드컵에 출전한 우리 축구팀에게 아낌없이 줄 수 있는 찬사다. 우리는 이번 월드컵을 통해 하나의 목표를 꿈꾸며 함께 나아갈 준비가 된 국민임을 서로 확인하였고 "하면 된다" "해냈다"라는 자신감을 가질 수 있는 것이야말로 우리 국민의 큰 수확이다. 또 우리 국민이 얻은 큰 소득은 시민의 사고와 판단을 혼란스럽게 하는 선전, 모략, 음모, 권모술수 등은 건강한 우리 국민에게 이제는 통하지 않는다는 것이다. 이제부터 확고한 국가관은 물론 신념과 식견을 갖추고 경륜과 인품을 겸비한 투명한 인물이 나서서 나라의 번영과 영광을 이루는 데 적극 나서야 된다. 이는 지도자의 몫이며, 이를 성취하기 위해 국민은 합심하여 적극 협력하는 자세만이 있을 뿐이다.

한 달 간의 월드컵이라는 전 세계인의 축구 축전은

끝을 맺었다. 여기에는 승자도 있고 동시에 패자도 있게 마련이다. 그 싸움에서 잘 싸웠고 잘 졌느냐만 남아 있을 뿐이다. 이번에 출전하여 잘 싸운 우리나라 선수 중 한사람은 "이번 게임에서 우리들은 바라던 것을 모두 이루었다."라고 말했다. 바로 그것이다. 바라던 소망을 다 이룬 그것이 위대한 것이다.

찬란하게 켜 있던 월드컵의 불빛이 사라졌다. 이제는 국민 각자도 차분한 마음으로 자기 자리로 되돌아가라! 그리고 이번 월드컵을 통해 보고 듣고 체험한 여러 면을 되새겨 그것을 교훈으로 삼고, 어떻게 사는 것이 참다운 삶인가를 깊이 되새겨 보는 국민이 되자.

## 꿈같은 이야기

하루는 술에 잔뜩 취해 문지방도 채 넘지 못하고 문 앞에 쓰러져 잠이 들었다가 그대로 꿈을 꾸었다. 타고난 성품이 어리석고 못났지만 그래도 어느 한 구석은 쓸 만한 데가 있었는지 남과 잘 사귈 줄도 알고 놀기도 좋아했다. 그렇지만 워낙 못나서 그들과 어울려 여러 날을 놀았지만 무엇을 하고 있는지는 잘 알 수 없었다.

어느 날 그들 중 몇이 무리에서 떨어져 멀리멀리 사라져가며 떠들어 댄다. 서로의 말들이 엉켜서 정확히 알아들을 수는 없었으나 구세제민을 서로 하겠다고 다투며 간다.

"구세제민이 무엇이요!" 큰소리로 묻다 깨어보니 꿈이었다.

머리맡에 쌓여 있는, 보기 싫어 며칠을 쌓아 둔 신문들을 뒤져보니 기분 좋은 시원한 기사는 없고 머리기사는 매일 상을 찌푸리게 하고 구역질이 날 정도로 보기 싫은 기사뿐이다. 그것도 대문짝만 한 활자로 사진까지 내며, 후보감인데, 외국에 나가 있는데 누구의 압력 때문에 못 온다느니…….

충성을 바치겠다고 말한 적이 언제라고 그 곳을 뛰쳐나와 다른 곳에 가서 또 충성하겠다고 두 손 들고 서 있는 뻔뻔스러운 모습. 어디 동기생이고 오랜 친구였다면서 너는 저곳에 갔으니 나는 이곳으로 가겠다는 한심스러운 기사. 자기만이 구국의 인사라고 국민 앞에 나서더니 하룻밤 사이에 변심하고 저 사람이 되어야 한다고 기어 들어간 가련한 사람. 이러한 사람들이 자기편에 왔다고 희희낙락하는 어리석은 사람. 서로 헐뜯지 않기로 했으나 막판에 왔으니 너 죽고 나 죽자는 식으로 있는 말 없는 말 마구 퍼부어대며 승리를 장담하고 있는 과대망상에 사로잡혀 있는 사람. 이런 기사가 대문짝만 한 활자로 눈에 들어오는 찰나, 나는 벌떡 일어나 붓을 들었다.

"에이! 나도 하고 싶은 말 좀 하겠다." "저렇게 왔다 갔다 하는 배알도 없는 것들, 한때는 제복에다 어깨에 별을 줄줄이 달고 늠름한 모습을 보였던 사람들이었는데! 우정이라는 말을 입에 담으면서 저렇게도 서로를 헐뜯는 비정의 사나이!" "구세제민을 하겠다고 누가 꿈속에서 말했어, 내 앞에 모습은 나타나지도 않고." 독백을 하여 본다.

구세제민할 분을 만나고 싶다. 그분께 하고 싶은 말이 많다. 안민낙토까지야 바라지도 않지만 혼탁하고 타락한 지금의 세태만은 바로 잡아 나갈 지도자가 나와야 한다. 이것마저 안 되고 어렵다면 최소한 자라나는 후대에게 좋은 유산만은 꼭 남겨놓고 가겠다는 결심만이라도 있어야 한다. 맑은 공기, 맑은 물마저 마음 놓고 마시지도 먹지도 못하게 이 산천을 만들어 놓은 우리들이 후손에게 무엇을 물려줄 수 있을까 걱정은 되지만…… 아직 때 묻지 않고 슬기롭다면 희망은 있다.

모름지기 나라의 지도자라면 정의로워야 하고 올발라야 한다. 언행일치하는 모습을 솔선해서 국민에게, 특히 젊은 다음 세대에게 보여주는 것이 가장 중요하다. 왜냐하면 그들은 감수성이 강하고 영향을 가장 예민하게 받아 당신네들이 동경의 대상이며 존경의 상징이기 때문이다.

자라나는 어린이들에게 "너 커서 어떤 사람이 되고 싶니?"라고 물으면 거의 다 대장이 되고 싶다, 대통령이 된다, 사장, 선생님 등 기성세대 특히 요즈음 신문지면, 텔레비전, 라디오에 매일같이 그 이름이 오르내리고 있는 당신네들이 동경의 대상이 되고 있음을 알아야 한다.

그러니 나는 당신네들께 묻고 싶은 것이다. 과연 당신들 중 어느 누가 "나를 따르라"고 나설 수 있나 묻고 싶다. 신명을 바쳐 국토와 자유를 수호한다는 사명감에 불 타 있는 그 기상과 두 어깨에 별을 번쩍이며 굳건히 서 있는 늠름한 모습, 어떤 모진 풍파에도 조금도 흔들림 없이 오직 조국의 간성임을 최고의 명예로 생각하고 불사신처럼 흔들림 없는 기백, 그것을 후대에게 보여 주어야지 비록 제복은 벗었지만 군 출신이라는 이름으로 권력에 빌붙어 떨어진 이삭이나 주워 먹으러 이리저리 다니는 족속(이름하여 똥별), 군사문화 삼십 년을 그들의 어깨에다 힘을 주고 이것저것 다 주워 먹었던 그 똥별을 이 나라의 새싹들이 본받을까봐 심히 걱정된다. 곡학아세하거나 면종복배하여 출세하여 볼까 하는 자칭 지성인이라는 무리들도 우리 사회에서 사라져야 된다. 돈푼이나 있다고 국민을 자기 멋대로 흔들어 보겠다는 것은 매우 위험한 생각이다.

지금 병들어가고 있는 젊은 후대에게 돈만 있으면 무엇이든 할 수 있다는 그릇된 유산까지 준다면, 그러한 나라의 앞날을 생각해 보았는가! 삼십 년의 우정에 금이 갔느니, 다른 한쪽은 은혜를 배반으로 갚는 친구라느니, 어제의 동지가 오늘의 적이 되는 비정의 사나이, 당신들 후손에게 이런 것을 보여주고 그 무엇을 얻으려 한단 말인가.

이게 꿈이라면 빨리 깨고 싶다.

나는 부와 귀 그 자체는 찬미할망정 비난하거나 경

멸하지 않는다. 정당한 방법으로 더 부하게 되고 더 귀하게 되는 것을 어느 누가 탓할 사람이 있겠는가. 다만 그 부귀를 지나치게 탐낸 나머지 그릇되고 정당하지 못한 방법으로 얻으려 한 것을 경멸하는 것이다.

'나물 먹고 물 마시고' 식의 초연한 척하는 생활태도가 우리나라를 오랜 세월 동안 가난한 겨레로 만들어 놓은 것이 아닐까. 정당한 노력으로 얻어지는 부귀가 어째서 나쁜가.

"구세제민" 메아리 소리가 들려온다. 지금 권좌에 서로 앉겠다고 다투고 있는 당신들은 수많은 공약을 내놓고 있는데 결국은 구세제민하겠다는 것 아닌가. 어떻게 하겠다는 건지 잘 몰라서 묻고 싶은 심정이다. 기상천외의 구상을 갖고 있는 것인지, 텔레비전 화면에 나오면 친근감이 들어 점점 다가가서 보고 싶어 하는 치자治者.

당신 말이라면 팥으로 메주를 쑨다 해도 믿어주는 세상, 항상 이해와 설득으로 다스리고 신뢰와 존경으로 따라가는 사회, 이런 세상이 보고 싶다.

경제 발전 한두 해 늦어지면 어떻고, 남북통일 여태껏 기다렸는데 좀더 기다리면 되지. 지금 이 사회에 시급한 것은 도덕성 회복과 공신력을 찾는 것이다.

지금 지상이나 대중 앞에서 떠들고 있는 지도자 당신들을 본받고 많은 영향을 받을 다음 세대들이 지켜보고 있음을 잊지 말아 주길 바란다.

치治의 궁극적인 길은 덕이라고 한다. 덕은 말에서 나오는 것이 아니라 몸 전체에서 풍겨 나오는 체취임을 알아야 한다. 이제 삼일 후면 앞으로 오 년 동안 나라를 다스릴 새 통치자가 나온다. 승자가 있으면 패자가 있는 법, 이는 하늘의 뜻이요 인간사이다. 삼일 후 신문지면과 텔레비전 화면에서 이긴 자와 진자가 서로 얼싸안고 웃는 모습이 보고 싶다. 이것이 구세제민의 첫길이며 후손에게 물려주는 좋은 유산이다. 이런 것을 바라는 것이 꿈같은 이야기일까?

〈1992년 12월 15일〉

14대 대통령 선거일을 앞두고

## 희망의 나라

"오늘도 붓을 들 수 있게 해 주신 것을 감사합니다. 온 누리에 아침밥을 주시고, 자라난 이 나라 백만에 가까운 새싹을 대학입시 고사장으로 가게 하심을 감사드립니다. 그 누구건 이 가난한 땅, 굴절 많은 시대를 살아온 우리들은 당신의 준엄한 심판을 받아야 마땅하다고 믿습니다만, 오늘처럼 추운 날 손을 비비고 두 발을 동동 구르며 시험장으로 들어가는 꿈 많고 앞날이 창창한 젊은 저 새싹에게는 바른길을 가르쳐 주십시오." 이런 기도라도 해야겠다.

잘 뛰는 자는 앞서고 그렇지 못한 자가 뒤지는 것은 당연한 것이고 힘센 자는 이기고 약한 자가 지게 마련인 것을 진 자가 이겼다 하고 뒤진 자가 앞섰다고 우기면 그 사회는 어떻게 되는 것입니까.

우리는 이런 것을 종종 볼 때마다 크게 걱정했습니다. 물론 그 싸움에서 옳고 정당했느냐는 제치더라도 이긴 자는 교만하지 말고 진 자는 겸허하게 받아들이는 사회라야 건전하고 앞날이 밝은 사회입니다. 인간 사회는 싸움의 연속입니다. 오늘의 승자가 내일 또다시 승리한다는 보장도 없고 오늘의 패자가 내일의 승자가 되지 말라는 법이 없듯이 오늘 이겼다고 뽐내지 말고 졌다고 실망해서는 안 됩니다.

이제 길고 길었던 대통령선거의 싸움도 끝나고, 승자와 패자는 가려졌습니다. 당선된 당신은 참으로 당당했고 그것이 승자의 옳은 자세였습니다. 비록 패했지만 결과를 겸허하게 받아들인 당신의 뜻이 더 옳고 당당하였소. 우리가 걸어온 과거는 영원히 돌아오지 않을 길목에 묻어 두었지만 아주 버리고 떠나는 것은 결코 아닙니다. 단지, 역사에 맡겨두었을 뿐입니다.

그렇습니다. 당신들의 어려웠던 싸움은 영원히 역사 속에 꼭꼭 간직되어 있을 것입니다.

이긴, 당선된 당신께 아낌없는 축하를 하고 싶으며 앞으로 영광만이 있기를 바랍니다. 지금 이 시간에도 대학입시 고사장에는 앞날의 꿈을 간직하고 여러 경쟁자 속에서 자기와의 싸움을 하며, 있는 힘을 다하는 우리의 후대, 이 나라의 앞날을 짊어지고 나갈 젊은 새싹들에게 이번 선거전에서 보여준 당신들의 자세야말로 그들에게 참으로 훌륭한 유산을 남겨주었고 좋은 양식을 주었습니다.

'꾸준히 노력하고 굳세게 투쟁하는 자만 승리한다.' 라는 좋은 교훈을 남겼습니다. 승자는 교만하지 않고 당당하며 패자는 겸허히 결과에 승복하고 승자에게 영광마저 돌리는 아름다운 모습은 우리 역사상 보기 드문 유산입니다. 좋은 지도자가 있는 곳에 좋은 국민이 있기 마련입니다.

온 국민이 잘살아 보자고, 그리고 좋은 나라를 만들어보자고 선거를 하는 것이요, 선거의 결과에는 승자와 패자가 나오는 것이니 이는 하늘의 뜻이요 인간사입니다. 어려웠던 싸움에서 탈없이 유종의 미를 거둔 승자의 아량과 겸손, 패자의 깨끗한 승복을 본 온 겨레의 가슴속에 나라의 새 희망이 솟아나는 것 같아 신께 고개 숙여 감사드립니다.

새 대통령이 되신 당신께 축하와 영광을! 뜻을 이루지 못한 당신께는 위로와 행운을!

〈1992년 12월 22일 대학입시 날〉

대통령 당선을 축하하며

제6장

# 붓을 놓으며

# 마지막 잎새 하나

봄이 오면 싹이 터서 이 세상에 나왔다가 가을이 되면 시들어 사라지지만 그 생존의 씨앗은 땅에 떨어져 묻혔다가 새봄이 오면 또다시 싹이 솟아난다. 봄에 움튼 나뭇잎들은 무성하게 여름을 펼쳐 보였다가 가을바람에 시들어 낙엽 되어 땅 위에 떨어져 뿌리로 돌아가 다시 움틀 잎들의 밑거름이 된다.

모태로부터 생명을 이어받은 영물은 이 세상에 살아있는 동안 자기의 생을 이어 줄 또 다른 생명체를 남겨놓고 영생의 길로 간다. 이러한 우주의 조화로 회귀와 전생을 되풀이하면서 조물주의 섭리에 따라 인간은 짧은 기간 이 세상에 왔다 가는 것이다.

이렇게 세월은 흐르고 흘러 영고성쇠, 희로애락의 굽이굽이를 겪으며 나는 이 순간까지 살아왔다. 이것이 인생의 길이며 수확의 계절 가을도 마지막 잎새만 남기듯 다해가는 이 인생도 이 한권의 책을 남기니 이제까지 살아온 내 인생 부족함이 많았으나 족함을 알고 감사할 줄 아는 마음을 가졌으니 이것 또한 인생의 향기인가 보다.

## 자성自省하고 감사하다

내가 가장 좋아하는 말이 있다. "자 — 떠날 때가 왔다. 우리는 우리의 길을 가는 것이다. 나는 죽으러 가는 것이고 여러분은 살아가는 것이다. 누가 행복한 것인가는 오직 신만이 알 것이다." 이 말은 철인 소크라테스가 자신에게 사형 판결을 내린 아테네 시민들 앞에서 최후의 독배를 마시며 한 말이다.

나는 이 말을 자주 되새기며 생각에 잠겨본다. 과연 내가 살아온 길이 행복했느냐 아니면 불행했느냐. 아무리 생각해 봐도 답을 얻을 수 없으니 범인 이하의 삶을 걸어 왔다고 말할 수밖에 없다. 불가사의라는 말이 있다. 지금껏 생의 마지막 고비까지 살아온 나의 지나온 길을 돌이켜 보면 불가사의 그것이다. 나라는 사람이 붓을 들어 잘 썼건 못 썼건 누가 읽어 주든 안 읽어 주든 문장을 엮어 몇 권의 책을 세상에 내놓았다는 것 자체가 나를 알고 있는 여러 사람에게는 뜻밖의 일일 것이다. 더욱이 부드러운 형용사나 섬세한 표현도 할 줄 모르며 문장의 맛도 풍기지 못한 나의 글을 읽어주신 분께 고마운 마음을 간직하고 있으며 한편으로는 이 글을 읽은 분들이 공감을 하고 마음의 양식을 얻었다면 그것으로 족하다.

이백여 년 전 이웃나라 프랑스의 나폴레옹 군대에게 허망하게 짓밟힌 독일 국민이 실의에 차 희망을 잃고 타락의 수렁에 빠져있을 때 선각자 피히테는 그 유명한 『독일 국민에게 고함』이라는 글로 국민의 심금을 울렸고 각성을 촉구한 바 있다. 그러한 위대한 업적을 바랄 수는 없지만 나는 이 글에서 우리 국민은 '비겁한 국민만은 되지 말라' 는 말만은 남기고 싶다.

이 글을 엮어 가는 동안 옆에서 조언하고 도와 준 김진배, 김유상 의원께 고마운 말을 전하며 지금은 고인이 되었지만 언제나 나의 머릿속에 남아 있는 친구 故 韓萬年 형이 창립한 일조각 출판사의 金時姸 사장의 노고에 감사한다.

2008년 6월 25일

서태원 수상록 인생의 향기

초판 1쇄 펴낸날 2008년 6월 30일

**지은이** | 서태원

**펴낸이** | 김시연

**펴낸곳** | (주)일조각

**등록** | 1953년 9월 3일 제300-1953-1호(구 : 제1-298호)

**주소** | 110-062 서울시 종로구 신문로2가 1-335

**전화** | 734-3545 / 733-8811(편집부)
733-5430 / 733-5431(영업부)

**팩스** | 735-9994(편집부) / 738-5857(영업부)

**이메일** | ilchokak@hanmail.net

**홈페이지** | www.ilchokak.co.kr

ISBN 978-89-337-0543-8 03810

값 10,000원



* 이 도서의 국립중앙도서관 출판시도서목록(CIP)은 e-CIP 홈페이지
(http://www.nl.go.kr/ecip)에서 이용하실 수 있습니다.
(CIP제어번호 : CIP2008001925)